名师名校名校长

凝聚名师共识
回应名师关怀
打造名师品牌
培育名师群体

卓越之旅，桃李芬芳

——一名教师的成长足迹

李晓琴 著

西安出版社

图书在版编目（CIP）数据

卓越之旅，桃李芬芳：一名教师的成长足迹 / 李晓琴著. — 西安：西安出版社，2023.3
ISBN 978-7-5541-6741-0

Ⅰ.①卓… Ⅱ.①李… Ⅲ.①心理健康—健康教育—教学研究—中学—文集 Ⅳ.①G444-53

中国国家版本馆CIP数据核字（2023）第039076号

卓越之旅，桃李芬芳：一名教师的成长足迹
ZHUOYUE ZHILÜ TAOLI FENFANG YIMING JIAOSHI DE CHENGZHANG ZUJI

出版发行：西安出版社
社　　址：西安市曲江新区雁南五路 1868 号影视演艺大厦 11 层
电　　话：（029）85264440
邮政编码：710061
印　　刷：北京政采印刷服务有限公司
开　　本：787mm×1092mm　1 / 16
印　　张：16.5
字　　数：297千字
版　　次：2023 年 3 月第 1 版
印　　次：2023 年 5 月第 1 次
书　　号：ISBN 978-7-5541-6741-0
定　　价：58.00 元

序 言

　　一间温馨阳光的辅导室，一件件栩栩如生的沙具和一位温文尔雅、面带微笑的心理老师，让孩子们充满了好奇心和吸引力。工作中，一杯清澈透亮的温茶，一张洁白如莹的帕纸，一席春风化雨的交流，这是李晓琴老师工作的日常写照。党的十九大报告指出，加强社会心理服务体系建设，培育自尊自信、理性平和、积极向上的社会心态；党的二十大报告强调，要重视心理健康和精神卫生。党的两次纲领性报告都明确提出了维护人民群众心理健康的发展方向，更加坚定了李老师为之奋斗而不断追求卓越的信心。

　　在中国，"心理健康"一词看起来是一个十分时髦的词汇，也是一份十分神秘的工作。当前仍然有许多人认识不够深切，觉得这项工作既可以放至无穷大，也可以缩至可有可无。李老师在高校读书时便围绕着自己所学的心理专业开展辅导工作，与院系的师生共同开设心理谈心社，为校友们提供心理援助。毕业后分别在中师、中学担任心理教师，因为职业的特点和爱心，她更加专注心理专业上的发展，把从事心理健康教育工作作为自己终身的职业追求。李晓琴老师人生追求的最高境界是：阳光心情，快乐生活。工作的最高目标是：珍爱生命，健康至上。为了实现自己的人生目标，一方面，她在工作中孜孜不倦地参加各类学习，拓宽自己的视野，不断提升自己的专业素养，注重课题研究；另一方面，她始终满怀慈爱，潜心育人，专注辅导，把维护师生心理健康作为己任，长期为广大师生提供心理咨询，开展校园辅导。

　　"功不唐捐，玉汝于成"，努力就有收获，付出就有回报。在心理健康教育这条道路上，李老师不是孤独的探索者。她常说，虽然身在翡翠山城工作，但是因为有追求的梦想，因为遇到几任校领导的支持与鼓励，因为遇见海南省卓越教师专业团队的信任，她在上下求索的道路上有了援手，有了方向。二十几年的心育历程，夯实了自己的人生，服务了师生群众，她记录下了实践中的点点滴滴，写出了一篇篇真实的文稿。这些材料来自一线，来自她心灵深处，弥足珍贵。如今，她整理成籍，集腋成裘，聚沙成塔，实属不易，可喜可贺。最后，作为她工作和生活中的支持者，我十分愿意为她这本文集写篇序。如果还要用什么词来表达我对这本用心凝结而成的专著表达敬意的话，那就用"境界"一词吧。王国维说："有境界则自成高格，自有名句"，又说"境非独谓景物也，喜怒哀乐，亦人心中之一境界"。李老师经年累月专注于心育，肯下苦功夫，心存善爱，顾全大局，今日出此成果，也在意料之中。因为她，我对开展心理工作的重要性和必要性的认识也越来越深刻，对心理健康教育工作者的探索之路的理解也更加全面而心生敬意，也相信她在未来的心育职业之路上定会桃李芬芳，卓越成长，为她祝福！

陈建坤

2022年11月16日

目 录

第一篇　省卓越教师工作室学习心得汇编

第二篇　省心理健康学科培训心得汇编

第三篇　送教培训心得汇编

第四篇　教育教学论文汇编

01

省卓越教师工作室
学习心得汇编

卓越工作室的授牌研修，遇见美丽的箱庭世界

——参与李惠君卓越教师工作室第一次集中研修

2015年11月14日晚，刚完成三亚教师培训任务的团队成员们乘上动车，从南到北返回海口。这一天是省里启动李惠君卓越工作室授牌仪式的日子，因为授课任务和会议时间冲突，三位导师和部分成员按指示都先以完成培训任务为先，主持人李惠君老师则留下和部分成员一道参加授牌启动仪式大会。第二天待我们完成任务返程回来再共同参与研修，这样的协调安排挺好，两不误。

一、卓越需要你和我，关注发展在其间

海南省心理团队的老师们刚给三亚的教师讲授完成与幸福有关的课程，并于第二天11月15日上午来到海南中学"幸福心理教育中心"参加工作室的第一次集中研修。工作室共18人（1名主持人，3名导师，14名学员），李惠君老师是工作室主持人（省特级教师），3名导师分别是唐彩霞、崔建华和李晓琴（一名学科带头人和两名省级骨干教师）。参与工作室的14名学员均为县级以上骨干教师，学员中除了省直属校和海南侨中心理专业的教师外，儋州市的教师就有5名，可见这一市县对心理教育的关注度。这批成员中，心理专业教师有9人，非心理专业教师有5人（语文、历史、数学、化学、信息技术各1人）。能有其他学科教师注重并自愿加入心理学科的队伍里，这充分说明学科渗透心理教育的理念正在不断的普及和实现中。而李惠君卓越教师工作室的成员也比其他学科工作室的成员要有突破，原本要求仅10名成员，当下被认同并增加4名。在教育工作上这是一种可喜的现象，符合条件又谦虚乐意学习成长的人相信越多越好。

这次研修，李惠君老师确定的主题为"最美的遇见，最美的未来"。她希望工作室成员的遇见是最美的，每个人都能在这里遇见最美的自己、最美的同伴、最美的资源，希望每个人都能成就最好的自己，共享资源、共创各自最美的未来和工作室美好的未来。研修内容主要有两方面：一是分享工作室活动计划，强调工作室目标，确定工作室帮扶学校，成员分组分工等；二是体验沙盘，通过制盘，遇见最真、最美的自己，创建最美团队。

二、你说我说显特点，箱庭世界遇见自己遇见美

工作室第一次集中研修，第一阶段是围坐开小会，惠君老师要求大家先自我介绍，紧接着再给大家提要求和分工。此次研修，除了3位有特殊情况不能到位的成员外，其他成员都到会并介绍了自己。我把自己的成长和期待同大家做了介绍和分享，内心希望"卓越"这个名字就是前行的方向。如今在此工作室中，相信自己也会朝着工作室确定的目标定位："为遇见最好的自己，寻找教育的勇气，形成各自的特色，成就最美的未来。"而更好去发挥和完善自我。

第二阶段是沙盘体验与团队建设。由工作室导师唐彩霞带领。而我此次作为参与者在团队中制盘。喜欢这种"小箱庭大世界"中的遇见与觉察。

放松，深呼吸静心之后，唐彩霞老师指定从她右手边的王柳香老师开始轮流选择并摆放沙具。参与制盘的15位成员依次摆放，其顺序是王柳香、贾鸽、曾建益、谢帮琦、潘玲、陈海莲、刘宏宇、刘莲、李虹、王睿、李惠君、李晓琴、王艺容、崔建华、王子惠。经过三轮的摆盘，大家共同完成了一幅沙盘作品，最终把这个作品命名为《最美的遇见》。在其中可以让每个人有机会遇见自己和伙伴不同的个性特点，遇见我们内在的心愿和期待的未来。

最后，彩霞老师还带着大家围着盘绕一圈从不同的角度观看沙盘作品，体验不同视角下的不同感受，让大家学会从别人的角度看沙盘，体验不一样的世界和感受，觉察自己对他人的判断。在这次的团体制盘中，回望我自己的三次选择，分别是：一艘船，一条龙，一座阳光女神像。沙盘确实是对自我内心的一种投射，是能帮助发现自己的一种心理工具。那么多的沙具，并无事先思考的我在这次摆盘中发现了自己当下的内心选择。刚开始的时候，自己面对沙具柜走了两回，内心都没有出现非常想去拿的物品，当目光来回

定在那艘船时，有了想拿的感觉，当时对它的形状并不是太喜欢，但是内心已经确定就选它了。拿到沙盘边时，发现船应当要泊在水上而不是沙上，应要先开条河，可手里已握着它再放回去感觉不妥，于是就先把船放在了左方的沙上，内心想着是下一轮就放弃选沙具而来开条河，再把船放入。欣喜的是，李惠君老师的第二轮摆放顺序是在我的前面，而她就先开了条河，发现她这个动作的当时，我与她一道挖开蓝底，然后把船放了进去。那时看到代表蓝色河水的盘底出现，内心是喜悦的。船在合适的地方就会很美，就可以实现它的功能。那第二轮我要去寻找其他的沙具，找什么呢？看到了龙，那是我的生肖，那就让它代表自己吧，把龙拿上，放到河中和船在一起。第三轮，惠君老师选择一对线条优美柔和的蓝色海豚，艺容选了两条热带小鱼，同放在河中和龙在一起。而我第三轮依内心感觉，握住了一个阳光女神像，摆放在盘左上方的一角，崔建华老师紧跟着在我的女神像四周摆放草坪。一下子我感觉那画面变得和谐和美丽起来。喜欢李惠君老师的那条长河，快乐于崔老师在身边摆放的那片草坪。因为她们都在我的周围呵护、陪伴、关爱着我，彼此共同的心愿就这样，在同行中为画面更美而润着色。

其他的老师在这三轮摆放中，都把自己的期待和心愿拿上摆下，我非常平静地边看边听边发现彼此的心情，没有对谁的摆放不满意，也没有对谁的摆放有异议。只相信每个人的摆放都有它的意义需求和道理所在，愿意用合理的语言去说明。纵观全盘，观望自我的内心选择，发现自己在当下阶段心中期望能成为一艘船，拥有源头活水，同时还希望能成长为在这个领域里能将阳光普照的人。感谢沙盘中这份发现与遇见，感谢同伴们在其中出现的种种关爱。我会尽心做好自己，有可能时就让自己举起手中拥有的阳光去映照着万物吧。

创建温暖的课堂，学会说温暖的话，温暖自己温暖他人，这是李惠君老师给工作室提出的课题"寻找教学勇气，创建温暖课堂"研究中最具体的行动要求。希望我们都能在这个工作室里携手同行，获得能量和成长。让卓越工作室的成员们都朝着"卓越"的方向去航行吧！

2015年12月9日

冬至后的一缕阳光

——工作室送教儋州市新州中学有感

　　2015年12月22日恰逢冬至，之前连续几日海南有了些冬天的感觉，温度较低。而12月23日这天，借用年轻心理老师何蕾说的一句话："今天太阳真好，暖了起来！"是的，那天的室外温度从十几度升到了近三十度。而那天，正是李惠君卓越工作室自11月授牌成立后，第一次组织工作室团队帮扶送课到乡镇中学——儋州市新州中学。新州中学距离儋州市区还有40多千米的乡村公路。送课到这所学校，是因为这个工作室里有两位省级骨干成员谢帮琦和陈海莲，他们在此校工作了十几年，当下已经成为学校管理层的一分子。虽然本市近几年比较重视教育和心理学科的发展，但此校当下仍然还没有配备心理学科教师，谢帮琦和陈海莲两位老师工作多年成长到这个阶段，对自己也好、学校也好都非常需要一份心理学指导，加入工作室的他们心愿所向就是期待学校能获得帮扶。

　　此次送课，李惠君老师安排了三节课、一个报告，主题都围绕着"自我认识与生涯规划"这个方面。讲座报告由她亲自主讲，课由儋州一中的潘玲、海师附中的李虹、国兴中学的骆思思三位年轻心理教师承担。面对初一、初三和高一3个年级各送一堂课，活动开展一整天，地点选在学校唯一的一间多媒体报告厅教室。儋州市主管教学教研的麦主任、本校的严校长和全体班主任全程到场听课、听点评、听专题讲座报告。送课活动得到成员的积极响应和新州中学的好评。用严校长说的一句话就是："这是一次雪中送炭的活动"！

一、主题分明，层次衔接的教学课堂和讲座报告送出一份温暖

清晨到达新州中学，在相对校外环境显得较为干净整齐宽敞的校园内，大家来到那间多媒体教室开始送课的各项准备活动。潘玲、李虹、骆思思3位工作室的年轻学员此次送课是临时受命，不仅迎接挑战，还随机开发了新内容。三节课都有精心的设计和清晰的主线，目标导向明确，作业设计接地气而且能促迁移。课堂中能给新州中学的教师传播心理健康教育的相关理念，展示心理老师良好的专业素养。

初一《遇见最美的自己》，初三《步步为营方能步步为赢》，高一《我的梦工厂——三年后，我……》3节年级不同主题基本相同的同课异构心理课，让乡镇的学生们通过课堂学会更好地认识自我与规划职业生涯。在课上，潘玲自然微笑的表情，柔和清晰的语音语调，积极肯定的良好回应，舒缓课堂的轻音乐，简单明了围绕苹果树为中心的自我认识教学设计，给课堂带来一份相融的温暖。李虹的趣味职业思考与选择测试，给初三学生进行生涯探索与分析，较完整全面的细致导向带给学生一份温暖力量。骆思思的梦工厂课堂，让学生描述梦想、优化梦想、走进梦想的过程，层层深入，让学生定好位做好明确的规划，贴近学生当下的学习实际，借助音乐《我的未来不是梦》给学生一份潜在能量暗示，带给学生一份行动上的温暖。而随后李惠君老师用一个小时进行的讲座《认识自我，成就未来》则带给这所学校新的能量。相信阳光的力量会让万物生长，温暖的信念会给校园带来更多的正确导向。

二、团队合作，齐心协力相扶帮带送出一份真诚

"既然决定了，就要信守承诺，坚持把帮扶基地校的系统计划实施好。"这是卓越工作室主持人李惠君老师在经历了这次乡镇送课、体验送课路途遥远的辛苦之后，依然表达的一份真诚心语。是的，教育需要热心肠，教育需要引领者，教育事业不能半途而废。送课学校硬件较差，说明它有完善的机会，有些老师有懈怠情绪，说明有需要激励的元素存在。在这一天的全程参与后，严校长决定要参照此次分享的课题和李惠君老师编著的教材，要求班主任参与到学生自我认知与生涯规划课程设计中来，这首先就是领导层面一种较好的思想认识上的大改观。

　　大家在此次研修送课中、在体验艰辛的同时，也有不少的惊喜感动与收获。勤快且主动的儋州思源学校的曾建益老师在此次活动中多方沟通，给远道而来参与送课的工作室成员们协调安排生活保障，协助做好一切后勤工作，让人有分欣慰。同时，送课活动刚结束，她当晚就发挥自己的信息技术专业特长，把图片配上文字制作了音乐相册和美图上传给大家欣赏，动作挺快。而在新州中学工作的谢帮琦和陈海莲两位成员，也用当地最细致周到的方式给了我们大家一份真诚的关怀与照应。

　　一天的活动结束后，所有到新州中学参与活动的心理专业教师和工作室的成员以及本校校长共同合了影，相片中那本被严校长捧在胸前由李惠君老师编著的《未来从"我"开始》的书籍，就如一缕阳光，希望能给这所学校带来一份真诚与帮助。

2015年12月25日

今天，我们和你在一起

——工作室送教定安中学有感

　　2016年4月15日，是海南省特级教师李惠君卓越工作室团队送教定安中学的日子。同时，这天也是定安县定安中学两间团体辅导室落成启用的日子，对定安中学心理健康教育来说，这一天算是开门大吉的日子。省里中学组的心理团队教师差不多全员聚集到那里，就中高考辅导课题组织了满满的一天活动，五种不同形式的活动开展，有专题讲座报告、班级团体辅导、主题辅导班会、班主任辅导沙龙以及工作室的工作坊等。

　　海南省级心理学科带头人、工作室导师唐彩霞，清晨在定安中学的航模馆内面向高三年级学生近900人举行了《高考心理辅导》大型讲座报告会。克服场地存在的困难，控场开展两小时的报告，彩霞沉着、淡定开讲，挑战成功，点赞！

　　海南省心理骨干教师、工作室导师崔建华，在定安中学新落成的椰风海韵团体辅导教室里给高三一个班级学生进行主题为《我和高考有个约会》的团辅课，其课上的妙语连珠，活动设计实施中对全场上课学生和听课老师们的情绪感染的那份真情流露，令人触动、感动！课堂现场，一位参与跨越障碍活动，走向自己心怡大学校门的学生在小心翼翼走向我时，我已经完全进入课堂场景。内心当时正悄悄地对她说："向前走，别害怕，我在这里！"当我拉住那伸出手摸到我并抱住我的学生时，我也拥抱着她轻轻地拍了拍她的肩膀抚慰着她，告诉她，她成功了！感叹真实而感人的那瞬间……

　　海南省教坛新秀之一、定安中学心理教师王睿，是工作室的成员之一，承接了本校主题团辅班会课《高考，你好》的教学。在课堂现场，她让自己班级的学生现场签订"梦想合约书"，给自己高考确立恰当的目标。结束课堂时用齐唱班歌的形式增强班级的凝聚力，和谐的师生关系在课堂上充分展现着。

我是海南省级心理学科骨干教师中的一员，工作室导师中的一员，此次接到的任务是组织定安中学毕业班班主任开展辅导沙龙活动。实际到现场参与沙龙活动的人员中，还有其他外校的教师和其他年级的班主任。于是，沙龙活动的人员组成就不单纯只有毕业班的班主任，工作室的成员们也都参与其中。这一天，我们大家一起探讨，一起分享，一起沙龙，这也是一种支持和提供资源的方式。课堂中用"梦想成真"抽签分小组进行探讨，结果呈现了四个小分队，有"梦幻之旅，携手同行""快乐之心想事成""众志成城最美定中""微笑之真心英雄"。课堂上与大家分享郑晓边教授应考辅导的"五心十法"，各小团队集思广益地思考着当下存在的困扰及当前能助力中高考的各项资源，代表在大组内互相分享和支持。希望教师们无论遇到任何事件，信心、细心、宽心、耐心、知心都是我们要习得并拥有的。

惠君老师说："沙龙活动设计细致，带领者从容淡定。"彩霞评价说："晓琴的沙龙主持如温火慢慢往前烫，温婉、娴雅、沁人心脾，回味无穷。营造了一个安全氛围，达到了共享互助、携手同行的目的。"潘玲说："琴姐的知性美、亲和力让人心里好温暖，产生很多正能量。"代老师说："你在做适合你的事情。"听到同仁们的评语，内心温暖满怀！

晚上工作室成员的工作坊活动，由惠君老师主持，她首先来了个"颠三倒四、七上八下"的热身活动，结果她第一个出错，而我因记写东西注意力不够集中而出错次数较多，被罚按规定表演节目。那就自然大方地表演吧！工作坊中，大家互相点评探索一整天的四种课程开展的优点和关注点，互相提醒提升教学过程的完善之处。潘玲说："一整天下来记录满满、收获满满、感动满满……"谢帮琦说："我一整天都在思考，为什么是大风吹而不是太阳晒呢？"有趣，当听到"太阳晒"这个词的时候，我突然有分触动，对活动组织有了另一个层面的理解。热时需大风，冷时太阳晒吧！可以的，因时所需就好，平日里咱要来个因时应景的活动表现。

定安中学，4月15日我们和你在一起！学校的司校长一整天全程陪同参与着活动，定安县广播电视台记者到校采访，结束时赞叹："讲得真好，我们都受教育了。"海南省中学教师继续教育培训中心师训科的领导老师下午赶来观摩了工作室的活动，让大家感受到上级领导的温暖关注与支持！

惠君老师总结速度极快，当晚就将美篇总结制作好。课堂上有张崔建华老师的相片，让我感到她表现出的那份自信与陶醉的美，当我告诉她我的这份感受时，她回应我说："哪里有自信和陶醉，只是各人解读不同，不过与同道的伙伴在一起是真的很快乐。"

看到课堂上的各种相片，重温课堂上的场景，看到抒怀微笑的学生，见到在沙龙中快乐探讨的定安中学的教师们，发现课堂中受情绪感染的听课教师，工作坊中成员们积极反馈和思考表达，如此深入而透彻的活动实在是一次让所有人都能获得成长的学习过程。我们齐心协力、携手同行着！这一天，一直在定安开展学校教育事业、曾是我的第一届毕业学子陈晓花夫妻俩专程到达定安中学来见我。他们夫妻俩齐心协力在定安创办私立中学，也在为教育事业付出自己的一分心血，孩子的成就是家长和老师的一分欣慰。奋进中的定安，你们在前行！

第二天体验户外采摘，我们真实感受了"太阳晒，需大风"的心情，伙伴们，加油，成长是一种美丽的经历。今天，我们在一起！

2016年4月20日

11

石里藏玉，门内有材

——省级骨干赴广东佛山石门高级中学学习体会

2016年10月16日，跟随省级骨干教师队伍一行66人到达东成财智学院，首先听取禹飚专家关于《教育综合改革背景下的骨干教师职业生涯规划》专题讲座。

学习感知南海教育综合改革的核心理念，明确教育要为学生的终身幸福奠基；没有最好的学校，只有最适合的学校；没有难题，只有课题；没有终点，只有起点。要以核心理念凝聚力量，以战略视野设计改革路径，以体制改革突破发展瓶颈，以机制创新破解发展难题。

每位教师要明确决定你命运的不是你面临的机会，而是你自己做出的选择。影响教师职业生涯规划的因素一是个人因素，包括专业知识，性格特征，职业价值观等。二是环境因素，包括学校管理制度，学校支持，社会环境和人际关系等。找到自身的生长点，找到自己与世界的连接点。内取诸己，外取诸人。

职业就是人们在社会生活中所从事的、以获得物质报酬作为自己主要生活来源，并能满足自己精神需求的、在社会分工中具有专门技能的工作。职业生涯是一个人一生中职业经历过程，即一个人一生连续从事和承担的职业、职务、职位的过程。教师职业生涯是一个人作为教师从事教师职业的整个过程。教师职业生涯规划是教师从自身优势和特点出发，根据时代、社会要求和所在学校的共同愿景做出能够促进教师有计划地可持续发展的预期性、系统性的自我设计和安排。

没有规划的人生是失控的人生，出行需要地图，项目需要路线图，人生需要规划图。相信我们每位骨干老师都能做好自我的成长规划、人生规划，力求过上有意义、有价值的幸福人生。

之后，我们到达广东佛山石门高级中学狮山校区，开启跟岗学习之旅，感受科技创新及钻研精神之美。在这一所校园里，首先映入眼帘的是门外的一块大石头和高大古朴校门。石头上写着"石中藏玉，门内有材"八个大字，富有寓意。

参与这所学校的教学教研，作为一名心理学科教师，我第一天客串参与了信息技术和通用技术组的教研活动，参与了听课活动。感受了这所学校在动漫制作、机器人制作、航模、科技创新等各方面的领先操作实践水平，对那位亲切富有创新和钻研精神的李强老师感到非常佩服。祖国科技的发展壮大，就在于要出现这样一大批真正开展实践、落实实践的领先人才。那所学校高一、高二的学生就能实际动手参与并进行各类制作，课后活动极其丰富。点赞！

第二天参与生物和心理学科组的教研活动，感动于这一组集体开展教研活动的合作力量。科组长凝聚各组员的智慧和思想，共同研讨备好每一堂课，固定的时间开展教研，分年级、分学段落实到位。另外，还听了一堂高三生物课和一堂高一心理课，感受此校教师的个人魅力，学生素养呈现出的良好面貌。这所学校校长在开班会上谈道："学校办学'以学生为主体，以教师为主导，以练习为主线'的理念促进着每位教师和学生的发展。"跟岗中也能充分发现学校近年之所以能脱颖而出的良好局面。学校培养的学生在国内、国际上获得多次奖项。科技特色强校、创新再攀高峰的精神在此校呈现得极为突出。

政策支持，领导重视，资金投入，培养一批有能力有水平的教师队伍，为祖国未来的发展创设更优质的条件，为祖国的花朵带来更多的阳光雨露，南海海南育栋梁。我们在前进中！

2016年10月28日

发现、分享、传递，绽放美丽的生命之花

——工作室送教东方市、儋州市活动体会

2016年11月29日—12月2日四天时间，海南省特级教师李惠君卓越工作室送课到东方思源实验学校、儋州思源高级中学及新州中学共三所学校。以《生涯规划教育》的教学内容为主，对象主要是这两个市的初高中教师和学生以及本工作室的成员。此次到场参与活动的有工作室成员及各位心理学爱好者，还有来自东方市、儋州市教研室的领导以及学校的领导和教师。

生涯规划，生是生命的存在，涯是生命的边界，生涯规划是一朵美丽的人生之花，认识自己，你会比你想象的还要美丽！关于生涯规划的话题是近几年我省在面对将要到来的新高考，各校在不断探索和研究的内容之一。海南中学和海南师范大学附属中学对这一问题的探索走在了前端，她们以课题促进研究，以实践积累经验。而工作室此次在李惠君老师的带领下，用多种教学模式就这一主题开展送课研讨活动。两个站点三所学校，送课活动主题鲜明，形式多样，内容丰富，学习与收获并存，体验深刻。

一、飞扬的彩虹，快乐幸福的东方站

李惠君卓越工作室送课东方站的小团队四人，清晨路遇霞光，于11月29日上午到达东方思源实验学校，首先遇见飞扬彩虹童声合唱团的节目表演，聆听"黎乡三月"组合鼓乐队的曲目和美妙歌声，抒怀一刻！这个以童声合唱的方式传递民族文化之美的合唱团，我要为它点个赞。

送教的第一堂课，由海南师范大学附属中学初中部心理教师李虹老师组织。她面对初二（2）班学生实施主题课《做最好的自己》，课堂中通过五指书写个人能力、兴趣等的课堂形式，在师生互动中进行自我探索，通过小组

合作开展教学。学生专注投入的神情、师生开心互动的瞬间表现，李虹在与学生探讨着如何成就最好自己这个话题。课堂结束的那句："我就是我，我是积极向上，充满正气的我"充满着教育教学的一份正能量。

第二堂课是由海南省国兴中学崔建华老师给初一（3）班学生实施主题课《做受欢迎的人》。快乐的课前热身游戏，灵活变通的现场，学生敲击矿泉水瓶传水接力活动，充分彰显了"小游戏大智慧"。她让学生体验在传水的过程中如何保护这瓶开了盖子的水不洒漏，间接教会并感受学生如何用一份责任感和细致心来完成任务的过程。而在"花朵送给谁"这一环节，寻找评价接受信任、欣赏、关爱这三朵花的获得者和寻找受欢迎和不受欢迎品质的同学的这两个环节中，学生分享过程表现不同，有还没能发现值得欣赏的同学感到羞涩的表达；有被欣赏的孩子感到开心的表达；有分享内心感受助人为乐之快乐心情的表达；有感受到获得小组喜欢而心情兴奋、荣幸的表达；有受欢迎的孩子激动地现场流下高兴泪水的表达。崔老师的这堂课衔接过渡巧妙而连贯，语言风趣而友善，人与课堂融为一体，让人感到非常的亲切自然。

东方站第三课由工作室主持人李惠君老师给到场的各位领导和老师主讲《寻找幸福的核心素养——分享教师生涯规划与情绪管理策略》专题报告。其宗旨是期待东方学校的各位领导和老师能了解生涯教育，惠君老师首先领着大家做"拍拍操"。老师们积极参与，认真又专注。其次惠君老师与大家一起探索思考如何在规划与适应中找到平衡，体验生命中的重要他人，填写幸福四叶草。通过自我探索小练习与大家一起探讨和寻找职业幸福的途径，寻找自我价值感，寻找幸福的支点。期待大家都能学会安排好自我的六种角色，感受生涯的高度、宽度、温度和深度，描画出自己美丽的生涯彩虹图，期待大家能积极自我调节，增加幸福体验。报告中，惠君老师和大家分享她的快乐生活时光，她常与诗书为伴，做喜欢的事——唱歌，时常感受生活中点滴的美等等。生活中从不缺乏美，需要的是发现美的眼睛，大家一起来发现吧！

专题报告之后，东方思源实验学校的王校长总结发言时感触良多，在现场就给本校教师提出了具体的思考和建议。2016年11月29日这一天，我们相聚东方思源实验学校，构建温暖课堂，关注心灵成长。

二、多彩的职场，幸福在静谧中盛开

2016年12月1日，送课研讨活动第二站是儋州思源高级中学。儋州之行在大家温馨欢聚中开始，工作室的全体成员全部到位。上午两堂展示课、两个微报告表现得极其精彩。海南侨中刘莲老师那堂《走进多彩的职业世界》生涯规划课，充满理性和智慧，带领孩子们进入一个五彩斑斓的职业世界，发现和寻找着自己应当拥有怎样的核心素养才可以应对飞速变化的职业生涯。刘莲的课堂设计非常之巧妙，温和的语言温暖了课堂。她希望学生们在课堂中探索，在生活中深入思考当下要为将来的择业做出怎样的一份准备。

海南国兴中学的骆思思老师主讲《价值的探索——生涯的意义》这堂课，把社会场景缩放到课堂来模拟，用竞拍的方式来引导学生对自己生活中重要的事件进行价值探索与选择。让学生们感悟在人生路上需要的是什么，能做到怎样，如何将自己构建成一个在日后别人回忆起来都能想到更多美好的自己。思思一开场，将那句"世界那么大，我想去看看"的句子改写为"世界那么大，我想去选选"，让学生明确了此课的目标，判断、确定和选择。喜欢思思课中提供给大家的两种价值观的深入思考。人生旅途在面对价值观的确定时，一种是工具性价值观，它是达到终极价值观采用的行为方式或手段。另一种是终极性价值观，这是我们一生要实现的目标。而我们如何知道并明白自己对价值观的理解。个人认为这是非常需要恰当认知的一项习得。

海南师范大学附属中学李惠君老师和海南中学陈玲老师在两堂课落实后，就"生涯规划教育"这个主题，把近几年在校内实施的情况做了经验微报告。这两位领军人物的先行体验和收获给我们紧跟步伐的人员带来了非常明确的前行借鉴方向。为她们的分享点赞！

下午时分，受惠君老师和符明老师的委托，由本人主持读书分享和小组辅导活动会。首先分享阅读林孟平《小组辅导与心理治疗》一书。此书详尽介绍了关于小组辅导应当注意的方方面面，分享中我把主题确定为"寻找小组辅导的核心素养"。半小时的导读分享过后进入小组探索和辅导环节。此次活动安排地点在会议室举行，据事先了解得知要面对的对象主要是本工作室的成员，以及思源学校的教师及各位心理学爱好者。因此，我设计了一个基础的小组辅导流程，主要以觉察和交流为主。小组体验的辅导环节确定标题为《规划美丽人生》。首先以快乐接龙、手捧莲花、花名接龙三个小热身活动开始，力求构建一个温暖、安全、舒适的环境，让各位成员参与到活动中。接着进行自我觉察的两个内容设计：①请用一种动物和三个形容词描绘自己的性格特征。②描绘你的生命之旅。统计一下由（五只兔、三只狗、三匹马、两头牛、两只海豚、一只鸟、一头豹、一只虎、一只老鹰、一条龙、一只羊）22位老师参与分享，参与团队中有共性表现也有个性表现。各位老师在活动中较深切地通过分享发现自己，了解彼此。特别是在分享三个形容词的过程中，更是每位教师对自己个性特征的一份思考和感知。而生命之旅中的未来目标思索，让每位成员都沉下心，静静思考着自己接下来想要和需要的人生方向。

自我探索后用"茉莉花、牡丹花和玫瑰花"花名来分组，选定小组长后，组织一次小组合作探究，要求各组交流完成两个内容：①探讨说说自己选择这个行业和专业的理由。②谈谈如何在高中校园用小组辅导的方式开展生涯规划教育，设计出一个小组辅导方案。在畅所欲言之后，三个小组分别呈现了"一个校本沙盘辅导方案，一个生涯规划在数学领域的运用学习方案，一个关于高三激发学习动机的班会辅导方案"。虽然方案设计的具体化和系列化还有待完善，但是实践可知，在共同智慧的探讨下，小组辅导的实效和意义也将会落到实处。期待各位同仁和有志者共同研讨提升，围绕主题，层层深入。

在这一天的课堂教学和小组辅导分享会上，儋州思源高级中学工作室的学员曾建益和本校的两位心理教师前前后后表现得非常体贴，她们用实际行动和勤劳的身影展现着一份温暖陪伴。同时，令人欣慰的是儋州教研室麦主任和思源高级中学的丁副校长也到场参与小组辅导分享会。麦主任在参与中不由自主地打开了心扉，从刚开始不太乐意表达和分享到后来主动表达自我的心语，这种现场的转变令人欣喜，由此也相信当时那个场景肯定是能给予他一份舒适、安全及温暖的体验。他在现场语重心长地告诉大家，当下我们正在做着一件极其有意义的事情。他感到非常高兴，也会大力支持，同时还分享了一个他自己当下迫切希望完成的目标。就这样吧，在边学边做过程中成长，在团队中提升着自我的专业素养和能力水平，希望大家和我一起加油！

三、可爱的新州，生命之花友好绽放

2016年12月2日，送课第三站走进新州中学，这是我们第二次送课来到新州中学，这所乡镇中学离市区较远。严振军校长早早地来到学校迎接我们的到来。麦主任在课前几分钟也从市里驱车到达，用他的话说是开了飙车，为的就是不错过，要守时，真心令人满满的感动。这所已有90年校龄的历史悠久的学校，当下在校长的引领下又如重生般再次掀起奋进的热潮，我们的到来期待着能给它增添几分色彩。送课第一部分是由海师附中王艺容老师课堂展示班会主题课，课题为《绽放生命之花》，课前电脑系统没能如愿开启，上课时间已经到达。从容的她站在讲台上，淡定自如应对突发状况的神情举止，让我看到了一朵悄然绽放的课堂美丽之花。后台团队成员的协助处理电脑系统的合作力量让我看到了一朵团结合作之花。艺容课堂上将学生们现场生成的一个个目标拼接成一个个将要实现的梦想之圆，让我看到了师生共同齐心协力拼就的生命之花。学生分享时那份自信与勇敢又让我看到了一朵努力之花。此课设计，一个字，好！

第二部分则由崔建华老师带领新州中学的中层领导及班主任们进行一场人生历程主题课《教师职业生涯探索》。一曲手语歌热身启动，老师们如孩童般无拘无束又可爱地挥动着手唱着歌。特别是严校长，谦虚又积极。当面对课上一幅"十个孩子爬树表现各种姿态"的图，崔老师让班主任老师们思考选择自己会在哪个位置？严校长第一个表达了自我的思考和选择。紧接着工作室成员谢帮琦及其他老师也都毫无芥蒂，纷纷表达了自己的思考和选择。在描画职业生涯曲线和我的美满人生这一环节，老师们也依然是那么真诚和积极地参与其中，分享着自我的体验和故事，令人感动。

两堂课过后，新州中学严振军校长和儋州市心理健康教育教研员麦精武主任做了总结讲话，他们对工作室此行的送课活动给予高度好评。严校长和惠君老师相约来年，期待来年校容校貌及各方面的管理和建设都能更上一层楼，相信明年的新州之行更美好。

三天送课时光在紧张而有序的行程中圆满完成了各项任务，工作室的每位伙伴都绽放了自己此次的生命之花。海南中学唐彩霞老师在最后给工作室的伙伴们进行的工作坊，简短高效地让大家分享《生涯规划与我》，表达回顾自己与生涯教育的前世今生和未来。让每位成员都能清晰地围绕主题认

识、认清、梳理好自我的当下。卓越工作室主持人李惠君老师则对整个活动做了简要总结，布置工作室活动后续要完成的规定动作，布置明年工作室活动的初步计划。

发现分享传递，飞越彩虹生涯规划之寻找幸福的核心素养。生命之旅，百花齐放，让语言有温度，让行动有力量，心灵成长，温暖课堂，生涯无处不在，让美好时光伴随着一句：我愿意，我尽力，我们在前行！

2016年12月20日

学会沟通，关注校园危机干预

——工作室送教农垦实验中学有感

2017年4月21日至22日，为提高心理健康教育与生涯规划的能力和水平，我校邀请李惠君卓越教师工作室到校开展心理健康教育技能专题培训活动。工作室部分成员、我校全体教师及五指山周边学校对心理健康教育感兴趣的教师参加了本次活动。

海南省教培院心理健康教研员符明老师和李惠君卓越教师工作室主持人李惠君，指导教师唐彩霞，成员陈玲、刘宏宇及本校的王昕等几位青年教师在两天时间里从送课研讨到专题讲座，分别进行了两节研讨课四个专题讲座。研讨课题是关于初中的时间管理，讲座名称分别为《生涯规划教育的思考实践》《师生沟通的技巧》《团体技术在教育教学中的运用》及《校园危机干预》。

4月21日上午，开展了两堂关于初二年级时间管理的研讨课，本校青年心理教师王昕执教第一堂课。她课上呈现教态自然，语言表达亲切，教学环节设计紧凑，合理流畅，从让学生避免时间管理拖延的情况思考，力求让学生学会合理安排时间。课上师生互动探讨，问题思考有引导性。课的设计如能在案例分析的环节借助学生的实际状况会更好。第二堂课由海南侨中刘宏宇老师执教。她从人生管理与时间管理的关系角度，让学生学会思考如何更好地安排自己的时间，课上学生分享如何合理处理一些烦琐事件。课堂设计有独特的角度，宏宇课上表现的教态稳定沉着，为实现教学目标层层深入引导学生思考。课后符明老师和工作室的各位成员给大家的点评非常深切而具体。为初中学生如何更好地实施时间管理提出了贴切而深入的思考。

同时，在上午的第四节课的时间，海中的陈玲应邀也就《生涯规划教育的思考与实践》在学校第一会议室给高一全体老师做了较为细致而具体的解说。让老师们对生涯规划教育的意义和作用有更深刻的认识。报告结束后老师们还相互交流积极讨论，会场气氛热烈。

4月21日下午，由海中的唐彩霞在第一报告厅就师生沟通技巧的主题对全校教师进行培训讲座，借助视频等案例分享了与学生交流的经验，并指出良好的师生关系是教育产生效能的关键。晚上8时，又由特级教师李惠君给我校全体教师实施《团体技术在教育教学中的运用》教师教育技能的专题讲座，两个小时的讲座中，惠君老师细致地讲述了心理学技术在学校教育教学中的应用，精彩的讲解得到与会老师们的一致称赞。培训课程连续实行两天。第二天即22日上午，紧接着由海南省教培院心理健康教育教研员符明老师就《校园危机干预》专题给全体教师开展讲座。符明老师为我校教师处理校园危机提供了指导与借鉴，增强了教师们应对校园危机的能力。

此次培训活动我校教师积极认真参与，获益匪浅，工作室的专家老师们能到校给予专业引领，传递知识与智慧，这对我校及教师个人都是一次教学功力提升的最好修行，相信我们将会继续前行并努力做好自己。

2017年5月2日

关注美好事物，培育心灵品格，提升学校品质

——赴山东枣庄实验高中参与第二届心育年会学习有感

　　2017年4月25日至28日，全国心理健康教育全员育人模式与学生素养提升高峰论坛暨中国高等教育学会教师教育分会第二届心理健康教育学术年会在山东枣庄举行。来自全国各地800余位专家、学者及中小学心理健康教育同行与会。其间，表彰了中国高等教育学会教师教育分会卓越人才培养计划中的全国心育优秀校长、优秀教研员、优秀教师共100名，开展了学术报告6场，论坛1场，名师工作坊活动11场，心理健康教育观摩课23节，学校经验交流31次。2017年4月26日上午举办了第二届大会的开幕式，开幕式大会有六项，首先由山东省枣庄市教育局局长致辞，中国高等教育学会教师教育分会副秘书长讲话。其次由枣庄三中的校长在开幕大会上介绍本校的一系列办学特色。第三项举行全国心育卓越人才颁奖仪式，此次海南省参会团队共有25人，来自不同的中小学，有专业心理学科教师，也有班主任教师队伍。海南获得全国心育卓越人才优秀教师有3人，全国心育卓越人才优秀教研员1人。第四项是幸福杯的传递，由山东省枣庄市实验高中（枣庄第三中学）传递给新疆乌鲁木齐市负责人，明年第三届大会将在新疆举办。第五项由中国科学院心理研究所张建新教授做《关于心理健康教育的六因素模型设想》报告。第六项由中国心理卫生协会青少年专委会委员陈虹教授做《教师积极心理品质提升及教师专业成长》报告。第二届心育大会开幕热烈隆重，会场秩序井然，是一次盛大的全国年会。

　　海南省农垦实验中学参加此次会议有两人，均为心理专业教师。接下来的观摩课和工作坊及专题报告的聆听中分头行动，我聆听三节高二心育活动和班会课，五个学校的心育特色经验交流，两场专题报告并参加了两个主题

工作坊。观摩听课的心得体会及感悟如下。

一、观摩三堂课有感（班会及心理课）

2017年4月26日下午在山东枣庄实验高中（枣庄市第三中学）的国际部音乐活动教室，观摩聆听高二年级三节课。第一节由山东枣庄市实验高中闫辉老师主讲主题班会课《追逐梦想》。班主任老师组织这堂班会课，有主题，有活动，师生积极互动地参与其中，表达表现真切具体，这是一堂有意义的班会课，值得完善和推广。

第二节由上海大学附属中学沈雅茜主讲《我的未来我做主》主题课。沈老师教学基本功扎实，综合素质表现优异，语言表达流畅自然，表情亲切温和。课堂上的回应和点拨都较为到位，课的设计内容和思路层层深入。需要思考和完善的几个环节个人认为有以下几点：①课前小组长领登车牌分发给在场听课教师，此环节无操作实施，有疏忽。②此课是演给听课老师的吗？为何学生代表发言时面向老师而不是学生？③一节课的内容太多，不易讲透，如能用两三个课时深入探索，相信会更好。

第三节是由河南济源一中王秋霞老师做的主题课《亲爱的小黑》，设计题目非常亲切温馨，把人们内心代表着焦虑恐惧害怕的小黑一下子变得柔和起来。整节课非常自然而原始，学生在课上生成性的感受和步步行进的内心体验伴随着课堂的进入。课堂上学生探索内心与小黑对话，写下并分享给小黑的一封信，王秋霞老师也在现场分享了自己的情绪体验。最后小结告诉大家，内心小黑的存在不必急于赶走它，而是要明白它的作用并允许它在身边，相信它虽然存在，但依然可以前行，要学会带着小黑继续前行。体验它的慢慢变小，勇气值的增大。王老师这堂有效又富含情绪调节的心理课堂，让人内心有触动，有思考，是一堂非常专业的课堂。整节课下来，如能在控场组织和节奏安排上更为紧凑和连贯，语言表情更加亲切而温暖且更加精彩。

三节高二年级的心理课，各位教师表现风格各有特点，表现精彩，给人留下了深刻印象，且有许多是我们可以思考并完善的地方。

二、参与工作坊心得并制作了5份学习美文

（一）2017年4月26日晚8时，在山东省济南市实验高中听讲座

在恒隆酒店第八会议室参与全国心育卓越教师温学琦主讲的工作坊《参

加提升动能，幸福随行》，记录工作坊的益心句子罗列如下。

（1）幸福是一种感觉、能力。人生是要让自己过得更幸福。

（2）孩子不是拿来教育的，而是要来影响的。想让孩子更多感受到幸福和积极，先从自己做起。

（3）比能力更重要的是动力，动力从积极的角度来分析。如何分析一个人是积极还是消极的，主要看做事情的状态。

（4）变换角度看人生。积极语言和消极语言表达有表情的不同。半杯水的故事中，喝下的是愉悦还是痛苦，是一种心态的呈现。

（5）做自己幸福、学生幸福的老师。提升动能，就是提升爱的能量。

温老师具体从四方面分享了怎样才是积极幸福人生。

（1）自己的事情漂亮地做，用十分力量去做而非九分半。修炼自己。

（2）别人的事情帮忙做。助人为快乐之本。包容老师的缺点长情商，学习老师的长处长智商。

（3）紧急的事情优先做。

（4）没事的时候找事做。无事容易生是非。人生就是在追寻动能贵人，获得帮助，成为动能贵人。帮助别人成为动能贵人的路上。

温学琦老师娓娓道来地与老师们谈教育需要爱，幸福教育就是爱的教育，课堂上学生举手与否和内心爱的能量及获得动力有关。师生互动能否获得掌声与共鸣与爱也有关。期待人间充满互助的爱，爱的阳光洒满人间！

（二）2017年4月28日上午，在枣庄实验高中（枣庄市第三中学）听讲座

国际部音乐教室参与浙江省心理健康教育特级教师徐中收主讲工作坊《基于原生家庭的教师生命成长》，学习记录如下。

（1）和谐共处的原生家庭对成长意义重大。

（2）积极的自我暗示和传递正能量会让事情变好。

（3）学会发现并关注自我内心，学会多渠道自我调整。

（4）助人自助，学会换位思考，懂得消除负能量。

（5）把别人当自己，把自己当别人；把自己当自己，把别人当别人。

人生旅程中，成长需要不断地体验感受和感悟！以上三堂课的观摩和工作坊的参与均制作了学习美文共5份。

三、聆听引领报告，提升理念认识

三天时间里，聆听了南京师范大学戴联荣教授主讲的《教师教育与全员育人》专题报告，观摩了现场由六家单位（南京、山东、新疆、上海、北京等）共同呈现的全员育人教育论坛组织，聆听了由中国青年政治学院青少年工作系副教授宋雁慧老师主讲的《校园欺凌：识别、预警及干预》，山东省教科院、青岛市心理教研员松梅主讲的《从"校园欺凌"事件看家校教育与师生有效沟通》共三场报告、一个论坛。

此次会议内容丰富，专题多，主讲专家来自不同的省市，有高中，有初中，还有小学，是专业领域智慧的大荟萃。可惜没有分身术，听取不了太多的课堂，虽然此行路程周折奔波费尽心力，但能收获满满的愉悦与美好还是值得感谢并感恩的。除了来自收获知识的内心愉悦，另一项愉悦来自能在此次大会上荣获一份全国卓越人才优秀教师奖。今年海南省获评全国卓越人才奖项的有优秀教研员一名，是省教培院的符明老师。优秀教师三名，海南中学的张开基、陈玲和我，当下此项奖的评选，海南优秀校长的积极参与和评定，相信来年将会有。

当组委会让我写一份获奖感言时，我除了自我介绍以外，还表达了以下两句话：行走在心理健康教育工作这项事业的道路中，我会尽心去学习并做好自己，努力为这份工作添砖加瓦，为这项事业发展锦上添花。我是这样想，相信也会这样做。

2017年5月4日

幸福不是目的，而是一种生活方式

——工作室导师参加第五届全国人本学术大会珠海学习有感

2017年6月6日至12日，海南省李惠君卓越教师工作室的主持人和导师一行四人到达北师大珠海分校国际会议中心报到，参加第五届全国人本主义心理咨询与学生核心素养的学术大会及会前、会中工作坊的学习，为期一周的学习时间，遇见的专家团队优异，学习内容丰富，专业性强。

一、积极参与会前、会中工作坊

2017年6月7日至8日，工作室导师们每天清晨从国际交流中心乘坐校园电瓶车共同步入木铎楼205室，首先参加的是会前陆晓娅教授的专题工作坊学习。陆教授先介绍自己的三个身份：一名新闻人——《中国青年报》青春热线编辑；一位心理人——心理专业督导师；一名公益事业人——歌路营创办者。在生命相遇的旅途中，此次参与陆教授工作坊的人员来自各省市，有大学、中小学教育工作者，医疗部门工作者，大学生等。学习的课题为《影像中的生死学》。这门课与当前在探索的生命教育、生涯规划等课堂有着紧密的联系。任何个体如能深切地了解到生是生命的存在，涯是生命的边界，生命的开始与生命结束的过程中，充分地认识自己，把握好自己，把幸福当作一种生活方式，相信人生会过得精彩美丽而无憾。

陆教授这场课的开始，首先用折纸书写名片的方式将每位学员专注地带入到教室里，让每一位参加学习的学员感受到自己当下的存在。然后问自己：你是谁？叫什么名字？来自哪里？为什么要用生命中的两天参加这个工作坊？陆老师认为生死学不是学问，是"面对生命的态度与终极关怀的探索"，本课程以"什么样的生活值得一过"为核心关切，选取中外优秀影片，搭建与"生死"相关重大议题的思考平台，跨越心理学、社会学、医学、人类学、伦理学、哲学、美学等多个学科，在观影、阅读和讨论的过程中，协助学生探索生命存在的意义和价值，建构自身的生命意识和生命价值观，去应对现实人生中的困境和挑战。

陆老师的课堂采用对话教学，希望大家懂得运用并学会对话，对话教育不是用来培养臣民的，而是用来培养现代公民的。公民最基本的素质是独立思考和独立判断能力，这些能力不是通过灌输形成的，而是通过对话形成的。陆晓娅老师工作坊整个教学过程和环节中，用提出问题思索彼此回应的方法，用师生个别或小组互动交流的方式，用影视分享多重对话沟通的模式，步步深入，尊重每位学员，借助发散思维，调动着每位学员的情绪情感。整个教学中没有任何批评否定的话语，她真诚恰到好处的回应，让每一位学员在课上主动分享过程显得真诚又真实。如何好好地让生命存活着，如何恰当地面对生命的结束，这是一场深入心灵的人生探索课和生涯规划课。陆老师借此课让每位学员发现自己当下应当如何用平常心去面对自己和他人的生命，如何去追求适合自己的幸福生活方式。这是一场全社会和个体要应当去珍视和面对的课程。

温和慈爱的陆老师在现场给每一位参与工作坊的学员都赠送了她写的书，并且在书上给每位学员签名。很荣幸，在她赠送给我的书签名时，我邀请她送我一句话，陆老师真诚送了我一句"不负此生"的四字真言。陆老师的字写得非常潇洒而漂亮，面对字如其人的她。我除了微笑点赞，更多的是感动，感动于这位已经六旬的教授还能如此钟情于自己的事业，用自己的光和热向大地生灵们呈现着"不负此生"的真言，展现着自己的生命价值。

会中我还参加两个工作坊，一个是在2017年6月9日下午聆听清华大学心理学教授、团体辅导大师樊富珉教授的课程，主题为《自我觉察和成长——了解更真实的自己》个人中心表达性艺术团体工作坊。第一次遇见樊教授，她给我脑海中留下的印象既是一位雷厉风行，又是春风化雨般亲切的辅导咨询师。从大会的主持到聆听她的工作坊，感受到的就是大家风范、大师风采的形态。她此次工作坊的目的是要通过表达性艺术方法来促进有质量的自我表达，促进成员间的人际反馈；鼓励成员信任团体，运用团体来促进自我成长。她特别告知学员们，人本艺术治疗师的角色是陪伴而不是带领。课的开始说明了团体领导者的任务、原理、表达性艺术治疗的基本原则，紧接着就是让每位学员感受并参与具体的亲身实践性体验。一张A3纸、一张A4纸、一张彩色纸、一盒油画棒是课堂自我觉察与成长中每次参与学员要使用的课堂用具。在个体和小组互动中通过看图片、写感受、画图案、画自画像、用五种角色（祖辈、父辈、同辈、晚辈、超能量者）互相沟通、分享、反馈，互赠卡片礼物，折叠人生小船等层层递进而深入的方式，完成了团辅的整个程序，让每位学员在课堂上达到互相的觉察，促进每位学员的成长。整个工作坊参与下来，舒畅而开怀，愉悦的笑容绽放在每位学员脸上。

紧接着参与的第二个会中工作坊是6月9日18时的李灵博士工作坊，主题为《人本取向的整合性沙盘游戏疗法及其在学生核心素养培养中的应用》。辽宁师范大学心理学院应用心理学系主任李灵博士，带着些许东北口音，语言表达显得较为幽默而直率。常年对部队或监狱等团队给予相应人员做辅导和咨询的她，对于沙盘制作有自己的见解，对沙盘九宫格的排列有自己不同的方法，对沙具的摆放也有自己的看法。多元学习，求同存异，此次沙盘工作坊学习给自己增添了另一份不同的感知。

参加专业领域三位专家工作坊，领略各自不同的风采，感悟不同课堂精髓，内化并努力提升自我专业技能势在必行。

二、聆听前沿理念开拓视野，感受大会组织的隆重与特别

第五届全国人本心理咨询与治疗学术大会于2017年6月9日上午开幕。开幕前的准备时分，北师大珠海分校里的学子们给大家带来了现场演奏会，萨克斯、二胡、小提琴等演奏，旋律欢快让参会成员们心情舒缓愉悦。当日9时整大会开幕，首先由北师大珠海分校教育学院书记主持讲话，紧接着是樊富珉教授主持，江光荣教授做大会报告。远在香港的林孟平教授还通过语音向大会致辞。

本届大会负责人江光荣教授在作报告《一位心理治疗家的教育改革：罗杰斯的人本教育思想》回应学员提问时说："人本主义，当前以学生为中心的教育模式，要相信人都有要求成长和长大的人性。人性是善是恶？争论永远没结果，人性事实上就是你脑子认为他是那个样子就是那个样子。"（自我实现的预言是成立的）当学员提问："如果面对人性自私时，教育者要怎样改变这样事情呢？"江教授言："扭曲恶的人性是因为成长空间，就好比在暗室挣扎生长的土豆通常是病态类的。生活中要坚信：你怎么相信人性，

人性就是怎样。"学员问："我们教育者能做些什么呢？"江教授回应说："当我们面对海边濒临的小鱼，能救一条是一条！"值得深入思考的一番话。回顾人本主义创始人罗杰斯的理念，他认为："人是万物的尺度，解放人性，促成人的自我实现。"这是关键。

开幕仪式后，从2017年6月9日至10日两天时间，大会分别开设了五个分会场，组织了多场分会论坛。导师工作室的几位同仁各取所需，分赴各场，聆听分论坛报告。本人共聆听了华中师范大学心理学院江光荣教授《一位心理治疗家的教育改革：罗杰斯的人本教育思想》，北师大心理学部教授伍新春《共情陪伴与儿童心理社会能力培养》，北师大心理学部教授、北京第二实验小学校长芦咏莉《人本思想对师生核心素养培养的启示及应用》，北京理工大学人文社会科学学院的贾晓明教授《如何面对青少年的重大丧失——人本主义视角》，赵静波教授《人本与叙事——从积极态度到特色对话》，中国音乐学院客座教授徐理《西方简约音乐的人本教育启示》，国内某心理学网络服务平台创始人黄伟强《新媒体上的心理学科普教育经验分享》，唯一入选世界奖金最高教师奖项"全球教师奖"全球十佳华人教师、昆明师范专科学校附中心理教师杨博雅《中小学人本心理教育国内外普适及差异性实践分享》，西南民族大学陈秋燕教授《人本心理咨询师培训模式探索》等9位专家做的会中分论坛报告。同时，还参加了大会的闭幕式，参加了全体成员与专家团队的大合影。

大会闭幕仪式上传递着接力棒，第六届的大会将确定在北京师范大学本部举办，由伍新春教授任负责人。而这次第五届大会的整个组织开展，背后有着一大批志愿者服务队的支持和协助，她们的风采也是非常的可爱和可

贵，善始善终地让整个大会组织非常有序且到位，使得整个大会圆满地落幕。这所拥有山谷大学之美誉的美丽校园北师大珠海分校，我们导师团队课余漫步在校园里，遇见了校园内的启功纪念园、校友林、图书馆、绿茵场、校园里的花与茂密的棵棵大树等美丽景致，愉悦而抒怀。

海南省中学心理导师工作团队于6月12日学习结束返程，在美兰机场遇见雨后彩虹，遇见美丽晚霞。导师们此行学有所得，收获满怀，相信日后会在工作领域上尽己所能，阳光海南！

2017年6月21日

智慧的珍珠，美妙的呈现

——工作室送教屯昌县有感

　　智慧的珍珠，美妙的呈现，有创新、有亮点、有深度的生涯规划课堂，一堂堂的精品课在每次集体研讨和智慧的碰撞中变得越来越好、越来越美！

　　2017年12月20日至22日，李惠君卓越教师工作室赴屯昌县开展专题送课研讨暨工作室成员集中研修活动，送课内容有专题讲座、课程展示、团体辅导等三种形式。此站送课分别由一位指导教师、五位工作室成员共同承担。12月20日傍晚，工作室成员从不同市县汇集来到屯昌县城。因为一些原因，原计划12月21日晚实施的班主任培训课临近调整到了20日晚上，时间略显匆忙。但是有大将风范的指导教师崔建华，从容而镇定，晚上8时按时开场，洋洋洒洒地给班主任老师们就《解读教师的幸福密码》的课题组织辅导培训近两个小时。她从色彩心理学的角度，借助绘画手段，通俗易懂的层面，让班主任老师参与并感悟其中的职业与人生的关系。用三个词来概括就是：新颖、亲切、游刃有余的呈现。

　　紧接着，12月21日一整天，工作室成员共展现了四堂生涯主题课，一个生涯报告讲座，涉及高中三个年级。四个主题课为海南侨中刘莲的《兴趣和生涯规划》、海南中学陈韵君的《绘话人生》、定安中学的王睿的《青春如歌》、儋州一中潘玲的《享受珍珠人生》。首先，这四堂课的课题呈现就非常赏心悦目。观课中，几位老师导入课堂的热身环节一个比一个有创新而贴近生活，从"大风吹"到"家乡协奏曲"再到"再来一次"，都可以发现她们用心设计课堂的过程。其次，每一堂课的主题活动都呈现着层层递进、环环相扣，师生互动和融入感非常到位。刘莲的三站职业兴趣选择，让学生轮换着思量自己的不同选择状态，韵君的绘画人生，让学生直观探索着自己在生命中的种种不同遇见。王睿的一幕幕如歌青春，思路清晰，中心突出，这堂课上得非常漂亮美妙。而潘玲的"珍珠人生"，让学生把紧张的高三生活变成智慧的珍珠体验，提醒着学子们要懂得换一种思维，变压力为动力，感受当下的幸福与快乐，是一堂美丽而独特的课堂呈现。最后，看着每堂课上，一张张作业单里呈现的都是现场生成的满满的学生信息，细心读来，感触多多，漂亮至极。真心想对所有从事教育事业的同仁说一声，虽然我们在冬至到来的日子里给大家呈现课堂，然而，这样的课堂是真实有效又温暖如春的课堂，如果大家都领悟深切，它一定会为你的人生航向提供一份参考方向。

送课到屯昌的最后一场讲座报告，由海南中学的陈玲主讲。大报告厅里三个班级学生近200人。在寒冷的冬天，她一开场的热身拍拍操就嗨动全场，就连工作室的成员们都坐立不住，在后场位置蹦跶起来。温和亲切的神态，娓娓道来的言语，深入细致的生涯规划教育主题报告《做自己人生的导演》。是的，如果将人生比作一场戏，在戏里，你会是怎样的一个人，你会遇见谁，你会如何跨越坎坷与障碍，你会如何爱人与被爱，你会拥有怎样的美好生活，你是否可以给自己的人生编剧规划一下，尝试做一做自己的预设导演呢？没有规矩不成方圆，此话是有一定道理的。相信那样的人生将不会是一艘没有航向目标的船只。有所规划和设想，就算日后遇见的生活不易，相信我们也能有一份沉淀下来的思考和毅力去沟通，去调整和面对。

　　温暖的人遇见温暖的团队，温暖的团队在做温暖的事情，教育如果每次都能真正地启迪心智，播撒美好，成就一个个如珍珠般闪亮的生命个体，那社会将会更加地和谐和美好！

2017年12月26日

绘出心情，细述温暖

——李惠君工作室结业收官之旅有感

"开心亲近树荫，开阔宁静透明，生命萌芽，清新清爽，优雅美丽飞舞！"这一个个词串成了阳光而温暖的一个句子，让我内心欢喜！2018年6月21日为夏至日，当天上午，工作室成员从不同市县汇集到达琼海博鳌亚洲湾酒店。午后，在工作室主持人李惠君老师举行了开场和赠书仪式后，先由我带领大家体验一场图画心理专题《绘出心情，细述温暖》。实施专题中，作为带领者，我没有现场参与制图，但不经意间收获了来自姐妹们赠送的一张张自制彩图，有词有图，细述着美好，甚感欣慰！正纠结于无法现场回赠。灵机一动，自我找安慰，告诉姐妹们，今天我只能在午时借助从北京带回的"清恬莲子"代表一份心意，回赠给每一位姐妹，让大家在夏至日共同品尝一道京城的爽口小吃，同时也祝愿大家永远健康和善！

工作室三年学习结业了，结业代表结束，结束也代表新的开始。近五年的光阴里，个人跟随省级心育团队，与省里唯一的一位心育特级教师李惠君为首，参训学习，授课培训，经历了太多温暖和感人的场景，聆听了不少让人心花怒放的课堂。同时，也充分地在边学边做中发挥了自己的一份光和热。回首间，无愧于团队，无愧于各校的师生，无愧于自我的内心。正当我要书写这篇心得的时候，看到这样一段文字，内心感觉说得真好，借此分享一下："人生的弓，拉得太满人会疲惫，拉得不满人会掉队。把人生当旅程的人，遇到的永远是风景，淡而远；而把人生当战场的人，遇到的永远是争斗，激而烈。人生就是这样，选择什么你就会遇到什么，没有对错之分，只有承受与否。学会放下令自己不悦的事，学会放手令自己卑微的人。只要还有明天，今天永远都是起点！"

写词，作画，分享，互赠，交流！三年旅程三年心情，三年欢愉三年感叹，光阴流逝，岁月如梭，回味三年时光，姐妹们的微笑展现在脸庞。回归当下的状态：彩霞说拥有着希望和梦想；海莲说是沙子，路上有沙子当是会坚强地走过；刘莲说是童话，和大家在一起就如活在童话里；柳香说是林荫小道；艺容说清爽；李虹说要坚强下去；惠君老师说素净；崔建华说微风习习，手拉手，惬意的状态；韵君说生机新鲜，陈玲说舒畅愉悦。而我内心想说，喜忧参半！高兴于自己一直在前行，在成长，担忧于自己要怎样去做才能成为更好的、有成效的促进者。

傍晚，图画心理体验活动结束了，陈玲说任何事情说再多真的不如亲自体验一回；韵君在美篇里用了优雅知性的词来形容我；惠君老师对我的认真准备和带领说了声"谢谢"；建华对我说如果不认真那就不是晓琴了。也许吧，接一项任务，认真尽力地去做到自己相对满意，别人也能认同和满意是我的期待。

大学毕业至今已22年，当下，全班同学就仅我一位还在心育事业的岗位上尽自己的一分心力。工作中，很多时候孤军奋战是我的常态，坚持不懈是我面对这份事业的认可。我始终相信，心育是每个社会人都应当习得的有益知识，也始终认为，所有人学一点心育知识，助己又助人。从2017年开始感受心育团队，学习成长，近些年能成为省心育团队里的一员，成长为现在的样子，我感恩两位伯乐——李惠君老师和符明老师，是她们发现生活在山城校园里的我，是她们给予我更宽阔的平台，让我有更多的机遇和发展空间。一切感激尽在不言中。

我们这一群娘子军，完成了昨天愉快而充实的各项活动，带着心满意足进入梦乡。早晨醒来首先被大自然的奇妙和美丽所震撼，迎着朝霞，心情无限美好！

两位美女辣妈更是一大早从海口从定安赶来参加这次研修活动，让人感动又敬佩！

九点整，我们准时相聚在1810李老师的房间里，围坐成一圈，要开始我们今天最期待的自我探索的体验之旅了。活动前，李老师先回顾了三年前她成立工作室时的目标和宗旨，就是要帮助每一位成员学会建立温暖的课堂，让每个人遇见最好的自己，让工作室遇见最好的团队。

李老师说个人成长就是专业成长的基础，特别是一个人的发展性思维和积极心态对人成长的帮助是无限的。三年来，工作室的每一次活动，每一次成员之间的互动都犹如镜子般帮助我们去看到、去明晰自己的盲点，从中学会去避免那些低级的错误。因为每个人只有明白并知道自己想要的，才能学会更好地关照自己。而心灵图卡就是用来照亮自己的最好的工具之一。

今天，我们的第一项体验就是李惠君老师亲自带领我们体验心灵图卡。所有的图卡铺平在桌上和木地板上，每个人从中挑选一张最能代表自己三年来在工作室里的心情或状态，并从中回忆在工作室里让自己感到最美的那个时光或是最难忘的一件事。

于是，大家都在认真地选择最符合自己"眼缘"的那张图卡。接下来分享的环节，每个人都在介绍这张属于自己的图卡带给自己的感受和回忆。

崔建华老师首先分享，她选择的是"共鸣"，因为和工作室的成员们一起工作一起交流和探讨，每一次都是如此温暖和愉悦，她最享受的就是彼此心灵的共鸣。思思选择了"初生"，那是她初为人母内心最强烈的感受，也是在工作室里快乐成长的记忆。王睿选择了"倚靠"，同样是图片和文字打动了她，一方面她要成为儿子的倚靠，另一方面图卡也唤起了她在工作室里享受到的这份坚实的倚靠时的那种心安。陈玲选择了"安全"，在李老师带领的这个工作室里，每个成员都是如此地真诚和美好，每次活动都能让人得到锻炼和鼓励，而不必担心被批评或被排斥，这让她的内心感受到无比的安全，整个人变得更加柔软和放松。柳香选择了"站立"，一方面她在这个工作室里不断地成长和站立起来，敢于挑战自己，敢于去担当责任，作为非心理专业的学员，她的积极主动和勤奋努力带来的进步我们有目共睹！也特别感恩她在学校主动挑起了生涯教育等的重要工作，服务了更多的师生和家长！

海莲选择的是"互动"，她说作为非心理学科的老师加入这个团队，她在和大家互动的过程中，同样感到和谐愉快。她是特别善于学以致用的好老师，把心理学的理念和技能都运用到自己的教学和班级管理中，在陪伴和引导自家儿子时更是获益匪浅！真的被这些老师所感动，他们的加入，让我们心理健康教育这支队伍日益壮大，也让我们更加感受到心理健康教育带来的价值和意义！谢谢海莲、柳香、邦奇这些伙伴！

刘莲选择了"汲取"，她形容自己就像那只蜂鸟汲取花蜜一样，在这个团队里可以按照自己的方式、自己的节奏汲取能量，变得越来越好，最重要的是可以做真实的自己。李老师和崔老师都大大地肯定爱阅读的刘莲，因为充满理性的她，每次都可以给学生传递更多的理念和更多的资源。

李虹选择了"沉淀"，她在我们的眼中就像个小宇宙，永远充满活力充满激情，而且自信满满，创意无限。当然，她的自我评价也是在工作室里不断慢慢沉淀，让自己更加沉稳更加成熟。

唐彩霞选择了"优雅"，因为无论于年龄于资历，这些都可以是她"优雅"的资本，而她现在的生活工作和心态也真的做到了"优雅"，就像她说的那样，活出自己的状态，海阔天空。

陈韵君选择了"释放"，作为生二娃后最后回归的学员，她从最初领任务时的惶恐和不自信，到如今的淡定和自信，三年来，她的努力和收获也让其可以尽情享受和释放自我。

王艺容选择了"包容"，她说因为有李老师的包容，有团队的包容，她可以一边学习一边寻找自我，让自己优雅淡定地往前走。其实，三年来，工作室的很多具体而琐碎的事务都是其一手打理的，我们真的很佩服她很感激她！也是因为她的担当和包容，我们团队才轻松愉悦地完成了每次的活动。

我选择了"微笑"，记忆里的工作室的每位成员都是带着开心愉悦的微笑的，同时三年来，我们工作室为全省的教师培训和学生的温暖课堂也是做出了很大的贡献，把微笑传递给了更多的人，成为更大的"微笑"效应，这也是我们最感到欣慰的！

李惠君作为"压轴"分享了自己选择的"自在"。她说自己每次选择的图片都是"自在"，这也是她最想要的状态。因为这个阶段的她不想受太多外在约束，更想相对地保持自己的自由度，更要活得自在舒适。

李老师最后勉励大家，只有真实才能自在！她鼓励我们每个人都带着自己的真实去创造和享受自己的生活，也去打造自己的温暖课堂，温暖教育！

因为我们一直在路上，一直在努力，一直在幸福着，也要一直过得更自在！

接下来的环节是唐彩霞老师带领全体成员体验奥修禅卡。唐老师说奥修禅卡的玩法很多，她自己一般用钻石排列法给学生做个体辅导，操作的流程一般是冥想，睁开眼睛，洗牌，摊开，用左手去抽五张牌，按顺序摆放好，第一张是想要解决的问题，第二张是影响这个问题的内部因素，第三张是影响这个问题的外部因素，第四张是自己可用的方法或策略，第五张则是最后解决问题后的状态，最后五张牌逐一翻开来讲述自己的理解和感受。

唐老师说奥修禅卡还可以让来访者最后把他的五张图片连成故事，可以按照刚才的顺序，也可以打乱重新排列去讲故事。如果来访者还没有太多感悟，可以再抽出三张去讲。因为在讲述的过程中，自己就会厘清很多问题，自己一般就会找到目标和方向，以及自己的解决方法和方式。总而言之，奥修禅卡用的是潜意识的投射思想。

接下来，唐老师带领大家进行体验，先是闭上眼睛深呼吸放松，冥想，然后每人用左手抽取一张卡牌，代表自己当下的状态或是最想表达的东西。

于是每个人都用代表潜意识的左手抽取了一张奥修禅卡来呈现自我。我们有抽到让自己一见钟情开心不已的，也有抽到让自己非常诧异难以理解的，也有抽到似乎"不符合"自己的……但是一番自我描述过程和唐老师最后的点评后，大多数人还是慢慢从图卡中发现了另外一面的自己，或者是从中得到了帮助自己成长的一些启迪。其实，这就是奥修禅卡的魅力，当然也是我们潜意识的神奇魔力，所以，我们每个人只是借着这些媒介，照见自己，遇见更好的自己。

最后出场的导师崔建华给我们带来的是音乐疗法。但由于时间关系，我们的探索体验转移到了餐厅。崔老师为我们选择了一首歌曲《宝贝》，让大家用心聆听，并注意在整个过程中关注自己的内在感受，仔细去体会，真正地与自己在一起。于是在悠扬的音乐中，在那一句句感人的歌词中，我们的脑海里浮现了一幅幅画面，涌动着各种各样的情绪情感，那一刻，不去强化，不去阻止，任由思绪纷飞，情感涌流……当睁开眼睛后，仿佛又经历了一番人生。谢谢崔老师，带领我们进行了一次自我疗愈。

午饭后准备回程了，大家在酒店前合影，谢帮琦因工作缘故无法参与活动，我们就只能是清一色的娘子军了。但是这支娘子军在李惠君老师的带领下，依然信心满满，踌躇满志。未来，我们将继续携手前行，为你，为我，为更多的人，我们将继续一起创造美好的未来，一起享受温暖的人生。

在互赠环节中，柳香赠清爽，海莲赠树荫，艺容赠萌芽，崔建华赠开阔和透明，韵君赠开心，彩霞赠亲近，陈玲赠宁静，李虹赠宁静，惠君赠生命清新，刘莲赠飞舞。我带给大家一份心意，北京的小美食"清恬莲子"，因此日值夏至。

在温馨美好的赠书及颁发证书后，由我带领工作室成员进入本次研修活动的第一项体验活动：图画心理学的应用。首先，我让大家依次欣赏16张图片，然后在白纸的相应位置用关键词写出观图后的感受，再给这些关键词逐一配上颜色和图案；其次，裁剪成16幅图，每位成员在自己的16幅图选一幅图作为自己的名片，并选三幅图代表自己在工作室的三年时光。接下来是分享环节，每位成员都分享自己画的是什么，以及选择的理由，大家分享中重复最多的词是：感谢、成长、收获和开阔等，其中包含着成员们在工作室这三年来的点点滴滴、成长与收获，以及在工作室中结下的深厚情谊。最后，每位成员从除了自己的名片外的15幅图中，挑选出相应的图片赠予工作室其他成员。大家都非常用心地挑选，且在赠予图片的背后签上自己的名字，还分享了自己挑选这张图片的原因。现场气氛温馨融洽、其乐融融、笑声满满。

相聚时光匆匆，我们在一片温暖友善的气氛中结束了第一天的学习。感谢惠君老师给我们创设了一个集中学习、不断成长的平台，让我们有机会学习专业知识，学习做人做事的道理；感谢图画活动让我们很好地回顾自己在工作室三年中成长的足迹，正视现状，展望未来；感谢工作室的每一位成员的坦诚相对和无私奉献，让我们共同拥有这样一个温暖而又充满正能量的工作室，感谢大家！

2018年6月25日

向阳而生，携手同行新启航

——记唐彩霞卓越工作室第一次研修有感

2019年9月27日午时，我们到达琼海森林客栈，参与省唐彩霞卓越工作室第一次成员研修活动。作为导师团队之一的我，这一天来到万泉河畔，欣赏着万泉河水，品尝着旅店里提供的"公道午餐"，开启了新一轮工作室的工作旅程。

心理健康教育团队，需要用"晓之以理，动之以情"的角度去开展工作。因此，我的分享从自己的名字开始，在听取伙伴们的分享后，深感各市县心育工作的落实开展难度之艰辛和不易。真心期待着工作室里的同仁都能在这个平台里有收获、有感触，给自己找到向上进取的动力。在这样的团队里，我相信大家会感受到许多的真诚与感动，会有很强烈的归属感。

看着这一届的老朋友和新朋友的面孔，内心涌起的是许多的欣慰和快乐感受。因为，个人认为有了这个团队的存在，海南省中学心理健康教育事业的星星之火就有了可以燎原的发展可能，就有了一定的归属和支持的力量，就能将力量拧成一股绳，就会让自己和更多中学校园里那些需要关怀和帮助的孩子能获得点滴的资源。一切成功都要"由心开始"，人生的旅途中，身心的健康将影响着一切的发展！在此，就让我们大家一起向阳而生、携手同行吧！

2019年10月10日

珍惜学习时光，收获舒适的心流体验

——参与第二届"木铎心声"心理健康教育高峰论坛重庆之行有感

2019年10月17日至21日，海南省唐彩霞卓越教师工作室一行来到重庆市十一中学，参加第二届"木铎心声"心理健康教育高峰论坛一系列的学习活动。论坛分会前工作坊、大会主论坛及会后各校活动展示及会后工作坊四部分。

一、珍惜参训机会，积极参加工作坊学习

2019年10月17日，我们几位到达重庆，马不停蹄，依时到位，各自选择不同主题的会前工作坊参加学习，分头享受一场丰盛的文化盛宴。随后互相分享交流，互通有无，共同提高。四个工作坊分别是：《工作坊A：危机干预与危机事件应激管理实务技术培训》由王琼老师参与；《工作坊B：共情的力量——非暴力沟通在心理健康教育中的应用》由唐彩霞、黄圣草两位老师参与；《工作坊C：拼贴画及九分割统合绘画疗法》由李晓琴参与；《工作坊D：把自己爱回来——叙事治疗进阶指导》由陈韵君老师参与。

每个工作坊的安排都是完整两天的学习时间，边学边记录，参与工作坊的教师把当天课堂学习制作成美篇，当晚制作完成就分享到学习小团队里 两天工作坊学习结束后，统一由陈韵君老师将四个工作坊的内容整合成标题为《学有所获，心有所悟》的综合美篇，及时分享给全体工作室成员共享。整个学习过程内容丰富，时间长、强度大，我们紧凑安排，学习的态度极其认真，各工作坊专家讲授的主题突出，非常值得我们学习和深入探索。

本人参与的是由日本京都大学教育学博士、临床心理学博士，京都文教大学临床心理学部教授，日本拼贴画心理疗法学会理事长，日本艺术治疗学会理事，拼贴画心理疗法和九分割统合绘画法创始人——森谷宽之先生主讲

的两个专题。

这是一门直观形象、易学易操作的新课程，在咨询或教学中，面对表达沟通困难的来访者，借助拼贴画这个媒介物，或者是采用九分割绘画方式来进行沟通会比较有利。拼贴画通常可以投射个体内心世界，表达出人们内心的一些需求和想法。而九分割绘画的操作方式是由来访者由内向外或由外向内的九格绘画方式来呈现内心的需求和感受。施测中，不管用哪种方式均可以了解来访者脑海中的意识和无意识部分。制作完成后，通过互相提问和交流，体会整个制作过程的心境，由此可促进彼此的沟通和深入了解。

细致聆听日本森谷宽之先生两天的课程，非常感谢北京大学许英美教育心理学硕士专家的精彩翻译，她自身就是心理教育工作者，译语中用了最浅显通俗易懂的语言，让大家非常清晰了解了森谷宽之先生创设拼贴画和九分割绘画疗法这两种疗法的用意和目的、特征及效果。拼贴画和九分割绘画疗法的采用，在儿童及成人中都有着非常良好的影响作用。专家建议我们可以多去体验和尝试其作用及效果的有效性。只有自己认同并接纳了才能更好地用在教学和临床医学中。此次参与跨国文化的工作坊学习与聆听，感受颇深。

二、开拓视野，用心聆听国内外心育领域专家论坛报告

2019年10月19日，第二届"木铎心声"心理健康教育高峰论坛在重庆市南岸区拉开帷幕。本次论坛以"走进孩子内心 创造幸福人生"为主题，由北京师范大学、重庆市教育科学研究院、重庆市未成年人心理健康辅导中心、重庆市南岸区教育委员会主办。

论坛云集了多位国内外的专家学者。应邀出席论坛的还有全国各省市、自治区、直辖市，重庆市各区县的教育同仁，以及重庆5所高校的领导和老师。有重庆邮电大学、重庆交通大学、重庆工商大学、重庆第二师范学院、重庆建筑职业学院，市文明办、区委宣传部、区委文明办、区卫健委、区妇联、中国科学院大学附属仁济医院暨重庆市第五人民医院、南岸区精神卫生中心的相关领导等共800余人。

工作室成员秉承"一人学习，大家共享"的宗旨，非常珍惜这次学习的机会，认真记录和聆听，及时做好总结和美篇与大家分享，力求促进工作室成员的共同提高，把学习培训效果尽可能发挥到最大。论坛开始，除了重庆

市的各位领导讲话启动大会开幕之外，轮流给我们进行专题报告的还有7位国内外专家，他们分别是：①Craig H.Hart（美国）主题报告：《社交及情绪胜任力与儿童心理健康》；②卢家楣（上海）主题报告：《促进学生情知和谐发展——情感教学理论的创立与实践》；③边玉芳（北京）主题报告：《积极心理学对幸福的研究及其对心理健康教育的启示》；④李玫瑾（北京）主题报告：《帮孩子寻找他的价值》；⑤徐凯文（北大）主题报告：《为何现在青少年心理危机高发、频发——空心病、价值观与基础教育》⑥Jang Mikyung（韩国）主题报告：《建立良好的亲子和师生关系》；⑦森谷宽之（日本）主题报告：《了解儿童内在世界的方法——艺术治疗》。

这次论坛真的是名师云集、精彩纷呈。一整天连续8个小时的高强度学习，拓宽了我们的国际视野，增强了我们的知识面，收获和体会深刻。在边学边感受的同时，我的内心就有非常强烈的教育责任感涌起，心想：如果这样的论坛知识能通过这些学术界的权威人物，让其他的学科老师们也感受、意识、习得并内化到教育教学工作中，那中国的教育状态一定会有很大的改观和提升。

三、聚焦生涯课堂研究，欣赏精彩的生涯教育心理剧场

2019年10月20日，由创建于1921年的重庆市第十一中学（以下简称"十一中"）的师生给我们呈现了一堂高中生涯课及一个生涯教育心理剧。十一中是重庆市首批重点中学，学校本着培养"有人文素养，有科学素养，有创新素养的家国栋梁"，全面落实立德树人根本任务，坚持教育改革创新，学校在二十年心育实践中形成了"幸福成长，为心护航"的全员育心工作机制。此次由心理健康教育教师林馨老师组织呈现的生涯课《生涯家谱》，课的设计教学思路新颖，其中将家庭树、教学媒介物（心灵图卡）运用到课堂中，整节课的设计是流畅而有深度的，值得学习。

之后是，由十一中师生创编的一场生涯探究心理剧《十一小欢喜》，节目的创编内容结合了当前高考教育改革的发展趋势，探索了生涯选科的话题，表演中有侧重点、有亮点，是一场表现优异的心理剧。其中扮演可爱觉察小精灵的演员，角色扮演恰当出彩，展现过程非常值得点赞。

　　此次重庆的高端学习之旅，学有所获，心有所悟，让我们展望并期待，期待教书育人，以人为本这朵美丽的花朵，在国内外专家的推动下，在大家努力地学习和分享培育下能很快获得美丽的绽放！

2019年10月25日

风雨彩虹，与心有约

——工作室送教陵水中学活动有感

2019年11月26日至27日，海南省唐彩霞卓越教师工作室成员到陵水中学开展第三次集中研修暨送教送培基地校活动。为充分发挥卓越教师工作室在教师专业成长和教育科研中的示范、引领、辐射作用，为进一步提升工作室成员的教育教学能力提供一个成长平台，本次活动得到陵水教科局及陵水中学的大力支持，陵水县教科局专门发文。陵水中学的老师们以及陵水其他兄弟学校老师，共100多人参加了本次活动。陵水县心理教研员黎丽萍老师，陵水中学张勇校长、赵李三副校长、王兰州教导、高婵主任也参与了此次活动。

一、认真积极地准备，精彩出色地展现

工作室主持人唐彩霞老师在10月就部署安排了此次的送课任务，此次具体送课任务由第二小组来负责完成。作为第二组的导师，接下任务后，能及时细化任务分工与合作，此次活动个别成员因遇到突发事件无法参与，其他成员都克服了种种困难，全程参与此次活动，组员们用心支持，认真配合的精神让我很欣慰。每位成员在这次的活动中都各自担任不同的工作任务。上课，主持，收集材料制作美篇，做好后勤工作服务等，可谓全组总动员。协助审阅上课教案，完善课件制作，提醒教学中的注意事项，让主持人了解程序和内容，安排好美篇简报制作的要求等，这是导师要担任的一份职责，尽心尽力地帮扶学员们完成各项任务的准备工作。这一全程，我十分肯定地说："我是认真的！"

送课送教的两天，我们走近学生，为陵水中学师生落实了两个讲座、三节心育课。陵水中学校领导重视，良好硬软件设施的支持，专家与老师们的

精心准备，导师们的精彩点评，还有学校学生们课堂上的出彩表现，使得教育教学课堂温暖幸福而真诚，让此次送教活动异彩纷呈。课上出现学生争先恐后地举手想分享心情，课后几乎全班学生涌上讲台围着想让老师签名的场景，其场面令人激动而感人。

二、集体智慧呈现出众，送教课题贴切有效

两个讲座三节课分别是：符明老师的《以脑为导向的教学模式》，唐彩霞老师的《师生沟通技巧》，王琼老师的《沟通小达人——积极倾听》，何蕾老师的《拥抱新生活——学习适应》，潘玲老师的《我的人生跑道——生涯接力》。仅从课的标题来看，我们就知道此次送教的内容非常适合当下中学所需。面对教师团队，符明老师让大家清晰地了解教学模式中脑科学研究的结果。建议大家以人为本，重视以脑为导向的教学模式才是有效的教学。唐彩霞老师则从教育教学管理的角度，告知老师们，关系大于教育，注重沟通技巧通常会使教育教学变得更为顺畅有效。

新生年级适应是一个很关键的话题，此次活动确定送课主题为适应，由来自三所不同学校的三位教师给陵水中学初一和高一年级学生授课，和学生探索了生涯、人际、学习等不同侧面的适应话题。学员们呈现的精彩课堂教学互动和精美的教学设计环节值得大家学习和借鉴。真心为用心积极备课上课的老师们点赞。

课例的呈现获得了专家和导师的良好评价，特级教师李惠君用三个亮点和三个期待对高一潘玲的授课进行概括：作业设计优美，选题恰当，课堂掌控和应变能力强。力求整合好小组资源，时间把握紧凑，回应更恰当到位。

学科带头人崔建华老师对初一两节课进行概括：王琼老师的课就如一株米兰，虽然小，但它倔强地盛开，还散发出阵阵的清香。何蕾老师的课像是一朵玫瑰，热情又优雅的绽放，是一节让学生值得回味的课堂。这两节课都能以学生为中心，以问题为中心，以活动为中心，充分体现了体验与活动相结合的特点。

最后，主持人唐彩霞老师总结时说，工作室的宗旨就是要"幸福心育，体悟成长"，老师们设计课程一定要呈现四个度：有信度、有温度、有梯度、有效度。而这三节课已经做到这一目标。

心理学是世界上最美丽的花朵，教师研究对象都是鲜活的人。学生学

习生活困惑等问题都是心理的问题，心理老师要成为有趣味、有意识、有意义、有价值的老师，这是我们的使命和初心。这段话是陵水中学的张勇校长的表述。我非常认同，由衷地为陵水中学拥有这样优秀教育理念和教育情怀的校长而感到欣慰和敬佩，也为我们工作室此次精彩的送教活动高兴和感动。

时光飞逝，两天时间的送教送课时间安排得极为紧凑，11月27日傍晚还进行了重庆培训学习的知识分享，四个工作坊四个主题的内容分享和体验，让工作室的成员们此行体会满满、收获多多。让大家都能在这样一个优秀的平台上互相学习，更好地提升，更快地成长！手牵手，心连心，风雨彩虹，与心有约，我们将不忘初心、牢记使命，携手共同向前进！

2019年11月29日

柔软而有魅力的学习之旅

——工作室赴海南中学研修心得之一

2019年12月11日至12日，海南省唐彩霞卓越教师工作室在海南中学组织第四次集中研修活动。此次学习内容涉及面广，形式多样，有专家引领，有专业领域知识探索，也有科研提升研究，真可谓教研并举，是有深度又有高度的一次学习。工作室研修活动开启的前一天，即12月10日，是省心理健康教育教研工作会议召开的时间，两个会连接着在海南中学举办，让我们此次学习显得更加有延续性和实效性。

一、把握新时代心育动态，共筑良好的成长环境

符明老师召开的为期一天的教研会分为三个部分。首先从她对国家层面的政策解读，到各省市新时代心育教研工作所面临的机遇和挑战及动态分享，再到回顾2019年我省心育教研取得的成果，肯定了我省为心理教师专业成长提供多种渠道，肯定唐彩霞卓越工作室发挥的重要作用。另外，符明老师还提出2020年心理教研工作的思考与方向，期望心理健康教育能够被更多人看见，今后要加强教研力度，努力扩大影响，鼓励大家积极参加2020年的学科论文评比。

会议第二项由海南侨中刘莲老师结合第四届全国中小学心理健康心理优质课晒课活动，分享她对心理课堂的设计与实施方法及在教学中的实际运用。当天下午，集体观摩由海南中学陈韵君、海口实验中学韩佩良两位老师带来的，有代表性的关于青春期情感教育和生涯规划教育为主题的两堂课《如果·爱》《直视骄阳，拥抱梦想》。这是两堂教学方式新颖而有影响力的课。作为一名学校教育工作者，如果能以心育课堂为抓手，以咨询辅导为

辅助，以人为本地重视学生心灵健康成长，将会更好地促进学生各方面和谐全面的提升和发展。

二、借助心理工具OH卡牌，探索内心的潜在语言

聆听省公安厅专家翁春雷女士讲述《OH卡牌的应用和操作》，这是原定2019年12月11日上午工作室举办的第一项学习内容。但由于专家临时有事，原定时间调整到教研会议结束后的当晚，即12月10日晚上7时进行。同仁虽然参加了满满一整天的省教研会，身心略感疲惫，但是为了珍惜这场有魅力的操作性的学习之旅，当晚依然积极用心地参与了三个小时的聆听及操作体验。

OH卡牌是由一位在加拿大攻读人本心理学硕士的德国人Moritz Egetmeyer和一位墨西哥裔的艺术家Ely Raman共同研发，是一种自由联想卡及潜意识投射卡的系统，是一种奇妙的心理投射测试工具。在讲座中，翁老师结合其自身利用此工具有力地协助破案的工作经历，给大家讲述了OH卡的心理学理论基础及具体的操作方法，带领我们认识OH卡的奇妙与强大。OH卡的操作方法多样，要根据来访者的特征及问题"为我所用"，积极赋义。透过OH卡牌，人们不仅可以发现自己的内心，了解自己的潜意识，帮助自己完成自我探索，更能选拔人才，进行亲子互动、家庭治疗等。

课堂上大家分小组互动体验，尝试操作"古典OH卡牌使用法"和"集中使用法"。广大同仁按程序操作，直面自己的内心，开放自我，觉察并包容彼此间的分享，学习给卡片积极赋义。学习根据牌阵叙述故事，从不同的思维角度及有亮点的探索过程，各组分享的故事多样，场面呈现欢乐甚多。真可谓体验了一回："不做不知道，做了可以吓一跳"的过程。就比如我，抽到的字图和内心的遇见，吻合度极高。

12月11日清晨，这场柔软而有魅力的学习活动继续着，国兴中学的崔建华老师带领大家将视角放到教育教学活动中研究OH卡牌。她让大家集思广益地探索这个心理工具如何在心理健康教育活动中灵活使用。崔老师真是脑洞大开，使出了十八般招数，从导入到转换到工作到结尾，让大家小组分工合作，点燃了大家的智慧火花，碰撞出了异彩纷呈的多种教学思路，可喜可贺！

三、教而不研则浅，研而不教则空，教研要相结合

教学的道路既是周而复始又是漫长深远的旅途。教学的生涯要有生机，要有活力，就要在教中研、研中教。此次培训学习，工作室主持人非常用心邀请到海南师范大学教授黄秀兰老师，给大家主讲了《教育科研课题的申报及研究方法》和《如何撰写论文》两个专题讲座。讲座中提醒大家做课题写论文要关注的关键问题及容易忽略的事项，解读了优秀课题的各项步骤的完成方式。她详尽的表述让众多课题研究的老师找到了问题存在的根源，厘清了自我的思路，让人心怀感思。黄秀兰老师说："科研是需要创新的，这就需要广大一线教师能细心留意生活中的问题，多思考，多尝试，经历过，磨炼过，我们终会品尝科研的美好！"

工作室的专家顾问，心理特级教师李惠君老师从自身实践主持的几个优秀课题再给大家接地气地谈了谈"我和课题的那些事"，深入浅出地说明了课题研究并不难，只要我们在名师的指引下，在思想上种下科研的种子，力争"做一名有思想的教师，尝试写有质量的好文章"，那么，我们的未来就会在自我成长和提升中走得越来越好！

此次参训学习，我称它为柔软而有魅力的一次学习之旅。因其柔软在于探索着人们的内在语言，魅力在于这理论与实践相结合，层层递进的学习过程，让人耳目一新，呈现出众多的状态是那么的奇妙无比。更新奇地是在培训结束返程回到学校，打开参训期间工作室主持人唐彩霞老师分享的一本翻

印的，由北京大学出版社出版的《体验式学习》一书，内心更是温暖而有触动。这就如同一位在生活中求雨心切之人，突然看到了与心吻合的甘露，真是满心欢喜的遇见，获得了这样一份珍贵的礼物，当晚我就一口气把它读了一遍。在这样一个团队里，遇见拥有共同信念的伙伴，能找到专业成长的力量，就让我们携手同行，共同快乐成长吧！

2019年12月16日

透过OH卡遇见美好

——工作室赴海南中学研修心得之二

爱情是一个很美好的词，我没想到，第一次参与尝试体验OH卡牌的时候，第一张抽到的字卡就是这个美好的词——爱情。我用的是潜意识的左手去抽的牌，当时的心情呈现有些不可思议也有点点小波澜，心里想着，在这样的岁月里怎么还抽到这个词。事实上，心里很清楚，有爱的人生是每个个体一生都在追寻的，拥有真爱更是人内心深处最深层的需要。紧接着抽图卡，我抽到的是一张女郎的图，这是一位装扮时尚但吸着烟的女性，抽到这张图片时，内心的感受是排斥和不喜欢的。而要把这张图放在自己选的字卡"爱情"里，这种搭配，让我的思绪涌起了众多的场景，有了内心的一些思考和感受。在分享的时候，我的表达是：面对那张字卡，这个年纪还要谈论爱情这个话题吗？面对那样的图，这样的女郎状态并不是我欣赏的状态，我觉得这样的女孩风格不是我所欣赏的姿态，内心感觉她如果不调整改变，走入爱情也许会有众多的困扰问题等着她。

面对这样的字图，内心深处让我想到了许多曾经遇见的事件，脑海中在不断厘清自己对社会的认识和价值取向的判断。这种潜意识的呈现和内心的思索让人觉得非常有趣。而在分享中，当我发现其他伙伴抽到字图和表达的言语，也都和当下自己的生活状态有着一定的关联。秀秀姑娘看着字图，分享时就谈到她在工作中出现的冲突事件，触动了情绪，泪水都禁不住落下来。这让我不得不折服于此项工具所带来的神奇和美妙。

第二次尝试抽卡，是小组集体的合作呈现，要编讲故事。更有趣的是，我抽字卡，抽到的是一张空卡，抽图卡时，抽到的也是一张空卡。万事万物一切皆空，空也会更具可能性，这种抽卡的概率应是不多见吧，我此次看来是抽到了无限可能的状态卡了。选择放下，重新再抽字和图，结果抽到的是"姿态"字卡，图卡是法官法庭的图。在小组成员轮放图片时，我把这张法官法庭图放在了其他伙伴抽到的"羞辱"的字卡里。而我的"姿态"字里是其他伙伴放入的一张镜子图片。最后环节，每个人围绕着这几张字和图都谈了一个故事情节，比较入我心境而感觉到比较积极向上的是王昕姑娘谈的故事，于是分享的时候，由她来分享。希望各位组员能在聆听时也能有所思索，调整好自己当下面对生活和社会的态度。

省公安厅的翁春蕾女士曾经借助这个OH卡工具探索犯罪分子的内心世界，从而间接破获一起恶性案件，进而说明这样的心理沟通媒介工具，恰当使用对社会的贡献是巨大的。然而，这个工具在中学生的教育教学中可以运用吗？带着这个问题，我们工作室的伙伴们第二天一起探索了这个问题。从导入到转换，从工作到总结四个阶段，分小组进行智慧大碰撞，探索着中学教育教学中的运用模式。

崔建华老师非常睿智，带领团队们从热身开始体验，她先抽了一张图卡（一棵树和五朵花），贴在了板中间。再让四个小组各抽一张字卡，摆放在四周。然后让每一位成员思考，自己觉得这张图可以摆放在哪张字卡中。之后走到板前，将自己的名字写在字卡边上，以此形成合作分享的小组。组建好四个小组后，再由此次选择同类的同仁在组内进行分享，说说当下是如何理解这张图和字的摆放的。我们小组将图放在"孤独"的字卡里，每位成员的表述呈现的是非常具有年龄特点的状态。生活有缺的表达想添加小动物，生活富足满意的想独自感受生活。还在人生路上行走着的几位伙伴，看到的是外在世界呈现的自然状态。

　　课堂进行到工作环节，各小组领下崔老师布置的任务，开始思考教育教学中如何导入、转换、工作、结尾。半个小时的时间过去了，各小组的智慧结晶，呈现的结果异彩纷呈。OH卡牌的用途真的可以是多种多样的，只要能借助它，让人看到自己的内心世界，让人打开心扉交流，可以发现自己，找到自己要面对的问题和解决的思路，这个工具就是非常有意义的媒介物。

　　这次培训学习，尝试体验活动，内心又生发出了一份新思考。不断探索，不断前进，这真是一件令人内心感到开心快乐的事情。当教学需要更多探索和激情时，这几次的培训学习给我又打开了一扇新窗户，不仅仅是习得，更多的是让我有了新的探索方向，想要在实践中落地开花的思考。相信精彩的生活一定在伴随着我们！

2019年12月17日

幸福需要奋斗

——工作室送教海南中学三亚学校心得体会

2020年6月4日至5日，海南省唐彩霞卓越教师工作室第六次集中研修暨海南中学三亚学校送教送培活动开展。活动主题聚焦毕业班教师探寻幸福之路和中高考心理辅导。两天送教时间，落实一份总结、一份计划、一个讲座和三节辅导课。

6月4日下午两点三十分，成员们依时到达海南中学三亚学校五楼小报告厅，开启2020年度工作室的第一次研修。首先由唐彩霞老师给大家做工作小结与计划部署。聆听中，我感动于主持人唐彩霞老师对去年一年工作开展的精心记录与汇编整理，开怀于工作室里的青年教师谦虚的成长磨炼历程。面对今年疫情期要实施的工作计划，内心充满坚定的支持力量。四点三十分，大家转场到学校一楼大报告厅。聆听特级教师李惠君带来的《毕业班老师的幸福之路》主题讲座。参与聆听讲座的还有海南中学三亚学校的教师与兄弟单位的教师。

近一个半小时的讲座，李老师让我感知到，日常中我们是需要觉察每个发展阶段的情绪变化，学会调适。人生的幸福是需要奋斗的，愉悦的心情是幸福的良药。她特别告诉大家，要把握积极心理学的精髓，要满意地对待过去，幸福地感受现在，乐观地面对未来。培养积极的人格特质，增强积极的情感体验。在优化自己的情绪中，要关注自己的兴奋素、舒服素、亲密素和尊重素。学会加强自我的心理建设，科学用脑来提高效率。这场报告听下来，审视一下自我，可以发现自己当下有哪些是已经获得与需要的。在那一天里，在优化自我的情绪中，我觉察到自己当下需要一点舒服素，于是傍晚，我来到三亚的海边，欣赏晚霞，深呼吸，感受一点舒服素，生活瞬间觉得美好非凡。感恩，感谢，感动在心间！

6月5日，第二天上午，连堂三节中高考辅导课在录播室进行。受疫情影响，课堂里学生们还需戴口罩，六月的三亚，炙热感是大家在空调教室里也能体会到满头大汗的感受。稳定心绪，心静自然凉地倾听了三节课。我一向喜欢谦虚有进取心的青年教师，因为我自己本身也一直喜欢在不断地学习中成长、收获知识与愉悦感。三节中高考辅导课上完，因时间匆忙，此行没有安排现场评课的环节，大家就返程了，而惠君老师是在返程的两个小时动车时光里，就完成了评课内容的撰写，阅读她的评课要点，细致入微，本人认同惠君老师给三位青年送课选手的评课结果。

另外，个人也认为三节课中的亮点可以归纳表达如下：刘宏宇的语言表达显现风趣幽默，课堂呈现生动与自然。邢慧婧的语言表达属于娓娓道来款，师生互动与回应较好，简洁明确。潘玲的语言表达呈现温婉和善款，主题设计新颖有力量。每次听心理课，我总会在想，如果这样类型的课，让中小学生多一些接触和聆听，或者说其他学科的老师们在上课的时候，能如心理老师们这般多一些用心设计与回应和引导，那课堂怎么可能有常打瞌睡的学生存在？应试选拔的考试制度是需要的，可是，怎样调动学生学习的兴趣与奋进的内驱力才是课堂中学好知识的关键。

　　总而言之，今年疫情期间的首次工作室研修送教送培活动，简短而充实，丰富而美好，大家携手抗疫的当下，更要同心做好心育工作，愿大家都能在专业成长的道路上一起尽心、用心、舒心地度过！

2020年6月9日

生命的真谛是真诚与感恩

——工作室在国兴中学举办生命教育分享会有感

思想家卢梭说过，世上最没用的三种教育方法就是：讲道理、发脾气、刻意感动。这句话是我在聆听工作室各组学员们分享生命故事的环节中，何蕾老师讲述的一句话。这次分享学习会，大家不管是分享读后感，还是活动的感受，都非常地真诚与用心。24年的教学生涯，面对学生，面对未成年的孩子，工作经历让我对这句话有深切体会。教育者如果经常采用这三种方式去落实教书育人，那通常是难入心也是难起实效的，唯有更多的尊重与理解，才是打开心锁的良好钥匙。

人的生命值得珍视，它很短暂而宝贵。如何让大家认识并珍视它，感恩生命的存在。学校里生命教育的课堂中要体现，生活日常的小事中更需要关注和体现。近期，我在中小学心理健康教育杂志上发表的一篇《"护蛋行动"引发的生命探索》文稿，其中就借助课堂的体验活动，让学生亲自参与感悟关于生命被呵护与不被关注呵护有可能带来的不同状态。我们行走在生命的旅途中，作为一名教师，唯有看清生命的本质，才能做好生命教育，生命教育不是强调多去看喜剧片，而是要能在悲剧片中也能看清生命存在的价值，活出生命的价值和意义，这句话我认同。学习与处事中的成功和失败都是人生要经历的过程，如何应对、如何恰当处理通常就是我们需要学习的课程。

教书育人的事业是良心活，教师这个行业就是用生命影响生命，教师这个职业就是承载着生命的器皿。以身作则，更好地觉察自我、整合自我，活出自我的美好，这需要投入，需要用心思考，需要真诚地行动起来。年轻的生命需要知恩、感恩和不断的自省，需要把眼光放长远，需要超越自我，认清自己的目标和方向。而年长的生命需要沉淀、冷静。"豁达与包容"这两个词是当一名心理教师的标配，每位心理教师都应当知晓并内化于行。心理教师这个专业，对自身人格素养的修炼是不可忽视的。愿大家都能适时地修心修行，成为一名为自己和他人生命保驾护航的好船长，彼此能恒久同心同行。愿我们拥有被爱照亮的美好人生，愿你我都深知生命的真谛是真诚与感恩。

2020年10月10日

生涯教育，引领示范

——工作室送教乐东县华二黄中心得体会

2020年11月19日至20日，唐彩霞卓越教师工作室第八次研修活动开展，选择送教乐东华二黄中学校。工作室导师和部分学员们依时到达校园后，被这所美丽校园所震撼，用"高大上"这三个字眼来形容这所学校的校貌不为过，特别是这所学校的图书馆和星空教室，非常富有特色。此次送教的主题确定为"生涯教育，引领示范"。11月19日下午首先开场的是崔建华导师，由她来给华二黄中的各位年级级长和工作室学员们实施团辅课《生涯规划教育课程的建设与实施——谈生涯规划教师的基本素养》，她课上采用"你的位置在哪里""绘制生涯曲线""我的美满人生坐标图"三个主题活动来带领大家对自己的生涯进行反思和规划。

11月19日晚上7点半，工作室陈玲导师则给华二黄中的全体老师和工作室成员做了《教师的生涯唤醒与实践探讨》主题生涯培训讲座，华二黄中的詹校长也到场聆听此次讲座。陈玲老师在讲座中特别指出，生涯教育不是简单关注学生高考选课及职业规划，更需要关注地是学生作为一个独立个体的未来发展。

第二天，2020年11月20日上午，工作室学员华二黄中的陈韵思老师给本校的高一班级上主题课《能力盘点》，省农垦中学的王梦华老师给初二班级上主题课《我的性格》。这两节课的教学模式都采用了小组团辅的形式，教学内容围绕"自我认识为中心"这一主题，引导学生们探索能力。两位老师在课堂教学中，语言表达自然、亲切、流畅，师生互动融入感较好，教学设计有新意。

陈韵思的课能结合学生参与运动会这项实践事件来进行导入，引导学生寻找自我的成就事件，体会内心感受，发现自己呈现的能力类型，从自我发现到组内漂流卡探索和分享，这一主线设计是她整节课的亮点。王梦华的课首尾相呼应，整节课的呈现比较流畅自如。课上结合了经典名著《西游记》里的人物性格与学生探讨职业性格这部分内容是整节课的亮点，学生参与和表达精彩纷呈。

听完两节课，本人感觉需完善的地方有以下几点：①导入的环节可以更精炼简洁，层层深入一些，控制一下时间。②学生课堂的生成信息分享，可以借助投影或张贴相关内容，板书的内容可以聚焦一些。③课堂教师回应可以更关注积极正向的引导，促进学生反思。④课后总结部分，陈韵思的课争取把握好时间，能将"4F"分享完成，引导学生将能力与各项多元智能发展相关联。王梦华的课争取能从名著的人物职业性格引导到学生对自身职业性格的思考和探索上来。

工作室以一次次的研修活动开展来促进大家的专业能力提升，以送课送教来推动当地教育教学的观念更新与发展，主持人唐彩霞老师非常注重与各校的导师和学员们沟通，力求将好课送到市县送到校，带领着队伍引领辐射研讨，真诚为海南的教育事业贡献绵薄之力，这就是教育工作者的一份匠心之举。就让我们一起为爱出发，为共筑共建更加美好的教育生态而努力。

2020年11月30日

焦点解决问题，恰当应对校园危机

——工作室赴海南中学学习"心理干预技术"专项研修有感

2021年1月4日至5日，唐彩霞卓越教师工作室的成员们聚集在海南中学的幸福教育中心进行研修学习，掌握如何进一步加强学生心理健康教育工作，有效预防、及时发现、控制和消除由学生严重心理问题及由此可能引发的自伤或伤害他人等心理危机或潜在危机，预防校园突发危机事件的发生，保障校园学生的心理健康与生命安全，就维护正常的校园秩序的主题展开讲座与研讨。

海南师范大学心理学院刘丽琼教授、海南大学心理健康教育中心主任王昌纯老师、海南省安宁医院医学心理科主任吴传东教授三位专家分别做了《焦点解决短期疗法SFBT》《校园心理危机事件的预防与处理》《青少年严重心理问题的识别与诊断要点》专题讲座。讲座从具体个案实例展开分析，注重探索焦点解决问题及危机事件发生后的具体辅导与转介程序等。另外，还学习青少年学生心理健康标准，知晓常见青少年异常心理和行为的表现，了解青少年出现异常心理和行为问题的原因，关注一些品行障碍等特别心理疾病的识别与诊断。为辅助大家更好地在校园里落实辅导工作打下扎实的基础。

焦点解决问题讲求首先要做到积极定向。以问题为焦点的解决偏重于探讨问题发生的原因、情节变化与历史原因、形成新的策略。而以问题解决为焦点的方式，已存在的解决之道，如方法、应对、动力、优势、资源。其次要寻找问题的例外，帮助来访者关注其问题的例外情况，即问题不会那么令自己困扰的偶然经历，从而将希望传达给来访者。帮助来访者探索怎样的行为能够促发这种例外情况的出现，从而帮助来访者运用这种认识去消减问题出现的频率，寻找问题解决的办法。再则要引导实践的基本假设，将焦点放在问题的解决办法和未来生活上有一系列的好处。如果来访者能够通过聚焦解决办法的交谈重新让自己关注自己的能力，那么治疗的时间将会大幅度缩短。

来访者有能力做出有效的行为，不过这种行为可能暂时被其消极认知所屏蔽。聚焦问题的思考方式会使人们无法找到处理问题的有效途径。任何问题都有例外。通过探讨这些例外情况，来访者将重新获得对看似无法克制的问题的控制感。这种探讨例外的氛围可以促进来访者找到问题的解决方式。当来访者找到问题的例外情况时，改变将迅速发生。治疗中，适当用以下代表性问句来让来访者打开心扉，如成果问句、奇迹问句、假设问句、例外问句、差异问句、应对问句、评量问句、关系问句、追踪问句等。焦点解决短期疗法优势在于焦点解决短期疗法强调实践性和可操作性，以正向的，朝向未来的、朝向目标的积极态度，寻找来访者的成功经验，从小步的改变做起，以促进来访者的困扰逐步减轻。

在教学和管理中，我们要多重视心理健康教育工作，学习焦点解决问题的方式，在教学中多钻研，多一些用心地对待学生，努力培育学生自尊自信、理性平和、积极向上的健康心态，危机即转机，心理危机出现并不可怕，只要当事人或人群能得到及时的、专业的心理服务与援助，就可以化危机为发展，促进人在心理上更快地走向成熟与完美。稳定心境，建立良好的关系，聚焦问题的解决办法，让我们在心理健康教育事业上脚踏实地，通过一次次的认真学习，逐步掌握一些必要的辅导技巧，提升自我的咨询技能，使自我能更加得心应手、游刃有余地去配合处理和解决校园危机问题，

成为守护孩子生命成长的一缕温暖的阳光，为培养出身心全面和谐发展的社会主义建设者和接班人而携手同行！

2021年1月7日

聚集教学，锤炼风格

——工作室送教定安县活动体会

2021年4月15至16日，为期两天的唐彩霞卓越教师工作室送培送教活动在定安中学和定安仙沟思源学校举行。此次工作室研修活动内容有两项：一项是汇报2020年度的工作总结，布置2021新年度的工作计划；另一项是给定安这两所学校的毕业班师生送教送培。活动主要以团辅教学和讲座方式落实开展。

研修活动在午后开启，校领导致辞开幕过后，第一项活动是面对工作室成员举行的工作总结和计划汇报会，去年一年是非同寻常的疫情期，总结一年的工作，同仁都能感受到去年任务落实开展的细致和丰富，主持人唐彩霞老师收集和归纳整理的总结汇报内容非常认真和详尽，始终不忘工作室的设立就是要带领团队先行研究、交流研讨、示范引领，希望工作室能成为教师成长的摇篮、教研教改的基地、优教辐射的中心。2020年度涌现了许多表现优秀的学员，经考核，最终确定了9名优秀学员，由工作室导师在活动现场给予优秀学员表彰并赠送纪念品，鼓励祝贺学员们，希望再接再厉，共创美好明天。

第二项送教活动在4月15日下午3：20分开始，由崔建华导师给定安中学的高三学生实施一场以《我和高考有个约会》为主题的团辅课。同时，在另一间团辅教室，由陈玲导师与陈韵君学员共同为定安中学的高三教师落实新高考政策解读分析分享讲座。紧接着，在傍晚7时，又由儋州一中的潘玲老师通过讲座的方式给高三两个班的学生实施《科学助力，笑赢高考》主题讲座。同时，安定中学借助多媒体课堂软件，将教学场景转播到其他各高三班级，让学生们在教室里打开软件观看学习，讲座活动普及到全体高三学生。

第三项活动是在4月16日上午9时，全体工作室成员到达定安仙沟思源学校，由李晓琴导师给此校的初三毕业班教师们实施一堂《信心激励，合力助考》团辅课，让老师们从疲惫的教学情绪状态转化成笑容满面的心境状态。同时在另一间教室，由定安中学的王睿老师给定安仙沟思源学校初三毕业生实施一堂《王牌对王牌》的团辅课。工作室开展活动紧凑、内容聚焦，教师教学风格各异，学生课堂参与度高。

这次研修的送教送培教学模式是2场讲座、3个团辅课。主题活动内容聚焦在高三和初三毕业班年级的心理备考辅导，面对的对象是毕业班全体师生。两所学校的领导非常重视此次研修活动，教学中师生配合，教学落实充分到位。整个活动实施井然有序，仅用一天的时间，但活动内容辐射到了定安这两所学校及附近兄弟学校的教师以及工作室来自全省各校的同仁。充分展现了唐彩霞卓越教师工作室开展以共建平台、传递智慧、追求卓越、聚集教学、锤炼风格的活动宗旨，这是一次促进学习成长的活动，也是一次收获与历练同在的研修之旅。

2021年4月19日

聚焦主题，从容执教

——工作室参与省心理教学赛课有感

2021年5月17日至20日，全省心理健康教育教学课堂赛课活动在琼海举行。此次比赛分为三个学段，分别是高中组14节、初中组17节、小学组14节。十二年来每两年一次，目前共举办了6次心理学科赛课，一次比一次呈现的形式和状态有影响力，此次呈现的规模较大，赛场安排在琼海市海桂学校和琼海第三小学，共有三个赛课场，参赛人数也是历年来较多的一次，全省各市县派出的参赛选手合计共有45堂课。有些市县派出的参赛教师是在本市县选拔出来的优秀选手。本工作室的学员中也有6位参与并获得了参赛资格，分别在初中和高中赛场上展现自己的教学风格，体验一次心理健康教育教学课堂的成长过程磨炼。

此次赛课活动，我受聘参与小学组的评审工作，没有到工作室学员们的赛课场聆听。本工作室第二小组的潘玲、吴山、王琼三位学员参与高中组的比赛。他们代表着三个市县三所学校，在赛前的教案撰写、课件制作，在自己校内上课磨课反复修订教学内容，虽然我没有聆听他们的上课和磨课过程，但通过平时的微信沟通和交流，能充分感受到他们对此次参赛的用心、认真和细致，以及谦虚好学与钻研进取的态度。在赛课场上，得知他们都能从容、坚定而自信地站上讲台，顺利地发挥和展现自己的教学风格，这就已经是学员们对自我的一次挑战和成功。教学成长之路永远都是一条追求完美之路，为他们点个赞！

众所周知，要上好一节课，从写教案开始，到制作和处理课件，再到上课时每个环节的环环相扣、层层深入，紧接着还要注意上课过程中的语音语调、过渡语句、回应语句、表情服饰等。另外，教学过程还需要关注在不同学校的教学环境、学生状态，课堂上师生关系的建立与互动融合度等，太多现场生成的东西需要用心思考和准备。课堂上的控场能力和驾驭能力最能呈现一位教师的综合教学功底。相信通过不断地学习和努力，一定能提升我们的教育教学技能技巧，相信学习成长永远都在路上，就让我们一起携手努力，一起不断追求卓越，力求做最好的自己！

2021年5月26日

02

省心理健康学科培训
心得汇编

培养精英气质，彰显青春活力

——参加2011年省级心理健康教育培训学习汇报

2011年11月5日至6日，海南省教育研究培训院为推动中小学心理健康教育工作的顺利开展，提升心理健康教育教师专业水平，特别邀请了2011年教师节荣获"上海市首届教书育人十佳楷模"的华东师大兼职导师、上海闵行"名师工作室"主持人、上海市心理特级教师杨敏毅（七宝中学）给培训班学员授课。开课前，省厅思政处领导做开班致辞，肯定了省里心理专业团队建设的必要性，感谢省内心理专业教师在岗位上的选择和坚持，祝贺班级的开班学习，提出省厅将尽快在行政上出台相关政策，促进工作开展。

为期两天的专题学习，理论与实践相结合，杨老师的个人专业发展和教学理念以及人生思考等方面非常值得大家借鉴和探讨，上海学校里的心理工作开展渗透在校园里的方方面面，工会、校办、教务处等，全员参与，有面对教师团队的，有面对学生团体的。通过活动设计、沙盘分析等多种形式帮助学生和老师们消除困扰、分析人生，构建一个融合的校园集体，非常具体，也非常到位。

杨老师在《心理教师的人格魅力》专题中提到心理教师要做到"轻松体验，真诚感悟，专业成长"。从教三十年的杨老师提出个人专业成长要从"兴趣—职业—事业"，第一阶段要先成为专职心理教师（做自己喜欢的工作）；第二阶段要寻找迷失的孩子（国家心理咨询师）；第三阶段要为学生一生的发展奠基（关注教师家长的心理）；第四阶段要做阳光的心理使者（跨出学校服务社会）。同时，杨老师谈及人生追求的境界时提出了以下三点内容。

（1）淡泊名利，宁静致远。你可以不优秀，但要做到良好；你可以不和别人比，但要做最好的自己。别只懂花一辈子的时间去过生命，而不用一天的时间去感受生活。

（2）学会互赖，追求双赢。有时做一个能够为他人作嫁衣的人，把机会让给别人，以达到双赢。

（3）努力工作，尽情生活。要有美丽的"外衣"，舒适的"内衣"。做人要追求美丽的"外衣"（指的是工作），工作是必须要努力做好的，职业人这件"外衣"是必须的；有了工作外，还要有一件舒适的"内衣"，一个人工作到工作狂也是病态的，要追求舒适的"内衣"，即个人生活的情趣和生活的品质。这件舒适的"内衣"完全是由自己的感觉决定的，只要用心，就会有自己的生活情趣和生活品质。不能外衣内穿，这会让自己感觉到自己很失败；也不能内衣外穿，那也不得体，因此优秀幸福的人需要两件衣服。更深刻地说，除此外，还需要一件"风衣"，风衣是安全温暖遮风挡雨的，而这件风衣通常是学校的校长给的，校长有义务给老师们发"风衣"，每个老师都是"风衣"的一角，校长则是那编织"风衣"的人。

幸福不是一种状态，而是一种感受。幸福不是别人对你的看法，而是你自己的实实在在的感受。杨老师的课堂中谈及的"幸福人生四个有"中指出：

（1）心中有盼头（大到理想、愿望、目标，小到生活中有好奇）。

（2）手中有事做（喜欢并主动去做事，是自我的追求，体现自我的价值是充实幸福的；不喜欢而被动去做事，体会的是匆忙的感觉）。

（3）身边有亲友（有亲友陪伴，互相接纳，理解赞美）。

（4）家中有积蓄。积蓄是两个方面的：一是人民币存款在银行，这是有形的；二是幸福存款在心中（内心感动与感受），这是无形的。如果一个人的幸福只在工资待遇方面，那就没办法改变幸福观，只有接受现实和顺应环境的人，才能体会到现实存在的幸福感。心态决定一切，因此要树立积极、幸福的心态。"充实"和"匆忙"两个词的共同点都是"忙"，然而如何能忙得充实，就要看每个人的心态。

幸福的心态有以下几个表现。

（1）接受现实。

（2）悦纳自我（可以扬长避短、取长补短，增加自己的幸福指数）。

（3）懂得感恩。

（4）追求卓越（要做就要做最好的自己）。

杨老师在《心理教育新突破》——心理健康教育有效途径探索课题中，

谈到了心理活动课程设计三方面：心理必修型课程、拓展型课程、研究型课程。心理课主题有一定的系统性和灵活性，可根据需要来设计开课，同时可设计符合本校的校本教材，通过不同的板块来开课。杨老师谈及上海七宝中学的育人理念就是培养"平民本色、精英气质"的人才。杨老师的团辅课，要求孩子们"带着你的眼睛，带着你的心"去参与，要用艺术的眼光去发现。建议学校选购沙盘、建立沙盘游戏室来进行个体或团体研究型课题的教学和分析。

在谈及学校心理健康教育中心规划中，提出心育工作的理念：心理健康教育渗透于教育全过程和学生成长的整个空间。

工作的途径：在课堂中渗透，通过科研的方式，建立网络平台形式，以社团活动、交化节日、班会活动等形式来开展。

工作的手段：以个别咨询、团体辅导、沙盘游戏、音乐催眠、校园心理剧等形式来实施。

上海七宝中学的校园文化节日有：体育节（3月）、狂欢节（4月）、感恩节（5月）、科技节（6月）、爱生节（9月）、读书节（10月）、班主任节（11月）、艺术节（12月）。杨老师在课堂中谈到，对一所学校来说，三流学校靠教学，二流学校靠管理，一流学校靠文化。七宝中学的校园宗旨期盼"培养精英气质，彰显青春活力"的学生团队。校长不单纯关心学生团队还关心教师团队，在中学里重点开展教师心理调适、家教沙龙、优质资源辐射等活动。在狂欢节上，校长会扮演佐罗形象和学生一起狂欢，在教师节上关注教师家庭，请校内十年来婚姻幸福、孩子健康成长的家庭会餐，把简单的会餐变成一次很好的团体辅导。七宝中学里有55对夫妻，校长引进人才的做法是一拖二的方式，工会组织开展"七中同林鸟"活动、"背媳妇"活动等，近六十岁的夫妻也能积极参与比赛。活动开展得有声有色，增进了家庭感情，融合校园文化。

两天的学习培训有序而愉快地完成了，体会收获和感触较多，对各校心理教学的渗透和校园管理，可借鉴的方面不少，我校发展有望学习改进和提高。

2011年11月9日

专业引领　区域辐射　追求卓越　创新教学

——参加省级首批特级教师工作室授牌仪式汇报

　　海南省中学特级教师工作室授牌仪式于2011年12月10日上午举行，由海南省继续教育培训中心给各工作室发出邀请函，地点设在海南师范大学附属中学高中部校务会议室，省继续教育培训中心在全省精选了五名特级教师设立首批特级教师工作室，同时举行了授牌仪式。五个工作室分别是心理学科李惠君、数学学科李红庆、语文学科吴家英、化学学科何书明、数学学科符冠华五位特级老师工作室。

　　出席授牌仪式的领导有海南省教育厅师资管理处领导，深圳市北京师范大学南山附属学校特级教师宋如郊，海南师范大学继续教育学院副书记、省中学教师继续教育培训中心副主任，省中学继续教育培训中心培训科科长，海南师范大学附属中学校长陆荣基等。

　　主持人介绍出席领导，介绍中学特级教师工作室项目。强调工作室是由培训中心和学校形成共建的一种工作关系。紧接着是工作室授牌及合影，另外，还举行了特级教师工作室座谈会（特邀深圳市北京师范大学南山附属学校特级教师宋如郊老师做主旨发言），之后是方鸣处长讲话。

　　宋如郊老师在会上提出了特级教师工作室的目标是要构建三位一体的培训架构，省、市、区三位一体，发挥工作室的团队合作，专业引领，区域辐射，追求卓越创新教师的教学模式，要有志向先努力工作，注重规则，建章立制，构建交流平台，通过网络等多种方式开展宣传和学习，要突出工作室的高层次高水平的集体行为。

　　此次会议是一次有意义的会议，是一次探讨基础教育核心决定因素的会议，人才培养中人的因素、教师队伍建设的因素很关键。工作室在提供人才成长平台上要先建设好教师梯队框架，注重区域辐射，起到专业引领的作用。单纯强调搞科研而不加强培训是片面的，要力求综合，要让每位教师在专业成长和职业生涯上有追求、有目标，定好位，谋发展。

2011年12月10日

爱是一切的疗愈，心开福就来

——参加《高效团体带领技术》工作坊学习体会

2012年3月31日至4月1日，在海南大学四号教学楼五楼，海南省心理发展中心邀请了心理导师曹春燕开展《高效团体带领技术》为期两天的工作坊。此次参与学习的成员多数为海南大学各学院的辅导员，还有中职院校的辅导员及司法单位和中学校园的辅导咨询师。课堂很多元，辅助的导师和学员都共同来充实课堂的教学内容，教学时间和程序都相对随意。在此，将所感受到的进行内容整理归纳，与大家共同学习领悟和分享。

一、课堂语句记录

曹春燕老师言：爱是一切的疗愈，心开福就来；生活中，那些想做不敢做的人常会攻击别人；任何一点事物的发生都能觉察你的心，要学会自我觉察；辅导回应时语言用词要注意尽量用中性词；要懂得把握小事件去激励；少用批判的语言，那会让人对号入座；人性善，要多引导；一些技巧背后的东西要靠觉察；带领者带领团队时自己的心静稳很重要，你所吸引的场会跟着你的思想而波动；不抱怨，不为难，要学会"我选择，我负责"，自己选择自己负责，权衡利弊；人生就是出差旅游考察兼玩耍。

生活中，女性通常情感重于理论，女性时常透过说治愈了自己；每个人要学会表达情感而非压抑自己，开放和表达自己的脆弱面，可增加与人的亲密感和信任；一个人如果能如实接受自己，别人就不会产生攻击言举；每个人要注意自己生命中的光，这很重要，如果自己是虚假的，就疗愈不了别人；活动结果并不重要，重要的是当时的感受；遇到抗拒时要先学会共情，单纯地学知识是没有疗愈能量的，要学会爱；建立自信很重要，确立目标很重要，任何小事件上都要明白自己想要什么，对自己的目标定位，并找到自己真正所需要的；学会镜子技术，时常懂得拉回来反观自我；人要学会改变自我负面的编码，要学会相信自身的能量，善用吸引力法则；生命要不断挑战是不恰当的，任何事情只要去做就会影响外在的东西，信念会创造环境，不停地想和不停地说正向言语会传递正能量；出现冲突就是沟通，要接受自己的做不到；为了成长和改变，有时冒点险是必要的；要试着把别人当成自己潜意识在跟自己对话，自己的决定和选择有时会生活在别人的标准里；带领团体出现混乱时要觉察是自我发生了些什么，因为只有学会爱自己，才能懂得更好地爱别人！

二、课堂中组织的活动记录

（1）伸出左右手，握着左右身边的人，放下恐惧不安和期待静下心来投入学习，觉察此时自我和刚进入教室时的感受有何不同。

（2）自我介绍：姓名，来自哪里，喜欢什么。

（3）握手互动，进行互识。一种新的握手方式：两人左右手正面拍三下，反面贴三下，拇指对接转360度后握紧手。跟随音乐去找三个朋友尝试体会握手礼。

（4）全场形成一圈，依次拍身旁人的肩膀说出三个字"在这里"，发散场内人员的注意力。

（5）做手指操：做早操喂，大家一起做早操（伸缩平握）。

问题：你参加团体的初心是什么？团体吸引你的力量是什么？过去你带过哪类团体，有何收获？你带领团体动机是什么？你认为要有何能力和素养？参与团体与成为团体带领人有何差异？你希望成为怎样的领导人？你想带什么性质的团体？需要具有什么特质？你认为团体可能会遇到哪些困扰？参加培训学习你想获得什么？为获得你想要的，你可以为自己做什么？

（1）刮大风游戏（课堂中，一位女学员因头发长短界定问题没有判定清晰而出现纠结心理）。

（2）星光大道：（全体成员排成两列，每位成员依次用自己的方式从队列中间走过，走出自己不同的人生路，并分享走的感受）。

（3）成员分三人小组，互相交流，并进行现场调查。

（4）结构式团体与非结构式小团体操练。

（5）提放松训练：伴随着音乐《美好的一天》，用紧缩法开始全身放松训练，闭眼冥想，并借助语言提示进行静心调息训练。（视频短片：《走进生命的花园》）

三、课堂中学员自我觉察实例

（1）自我介绍环节：全体成员中有一位成员是站起来介绍自己，辅导助教回应说其是个懂得尊重的人，同时有位成员因老师的评价立即觉察，感受到自身听了助教这句话不舒服，感觉老师的点评是说只有站起来的学员才懂得尊重！

（2）练习拥抱，传递爱环节：有学员表达不愿意参与这样的一个两两拥抱练习，理由是没有被感动，做不出这样的肢体动作，春燕老师的回应是："那是你的事，不是我的事！"后来学员为了配合老师，表达说："如果要拥抱，我愿意拥抱老师您。"在这个环节中，学员们情感的表达显得并不自然，特别是春燕老师让两位助教在教室中场问及有哪位学员愿意和她（他）们拥抱时，有两位学员上去了，其中一位后来说到，当时的感觉是觉得中场的助教就如一个需要关怀的伙伴，没人参与会让其很尴尬，因此勇敢地上去配合拥抱练习，然而后来私下交流，那位站在中场的助教自述并无尴尬心情，从而，学员觉察到自我对别人的感受是一种投射。这个拥抱环节老师的用意是要让人感受到把别人当自己来付出"爱"吧！

（3）关于咨询辅导过程中应对学生哭泣现象：辅导员可将纸放在其身边，但不要帮助擦拭，让其情绪流露，流泪也是件很美好的事情，面对哭泣的人员开始不要正面拥抱，确实需要支持的时候，要做个侧面的引流姿势。

（4）关于镜子技术的环节："拉回来"反观自我的技术，生活中赞美他人其实也是在赞美自我，抱怨指责别人事实上也是在抱怨和指责自己。课堂中，有位学员谈及自己对一种社会现象的讨厌，对那种家庭出现不负责任男性的讨厌和评价，运用这样的技术反观自我时，学员无法接受认同自己身上也会有不负责任的问题，她自述自己是个非常认真而负责的人，能忍受和面对并完成许多的事情，反观不出自己的不负责任现象。课堂中学员们都在反观这个问题，终于发现并领悟到，当一个人太委屈自己去忍受自己无法接受的事件和现象时，不是对别人不负责，而是对自己的不负责任！

有位学员谈及在学生管理中面对一些不好学的学生，费了不少时间和精力都无法使学生转变时自我非常焦虑，很生气，而没办法接受这样状态的学生，很无助、烦恼讨厌。反观自我，这位学员在集体的协助觉察中发现自己总喜欢做救世主，控制欲较强，没能意识到自己的付出别人能否认同和接受的问题，当下自我应当做到的是接受自己和身边出现的现象，需要考虑转变沟通方式，学会自我调适。

有学员在接受赞美环节中自述听到他人赞美时会觉得很别扭，当时在场的成员都在尝试赞美她，有人说她谦虚、好学、勇敢、开朗等，可她说能认同助教说的谦虚，而对于勇敢并不认同，春燕老师的点评是她的标准认同放在了是10%还是90%的指标上，他评和自评的标准不对等的反观认同情况。

四、个人自我觉察与思考

（1）在这样的场景里没能从态度和肢体动作上做到真诚地对待每个人，把别人当自己来练习拥抱，让爱流动！这确实是自己的问题，自我理解爱的流动有多种方式，一个真诚的问候、微笑或友善的握手礼也能让爱流动，也一样具有爱的能量。感觉在这样的课堂环节中，拥抱训练更适合用在化解矛盾或者家庭亲子沟通的人员中，而在不熟识的人群中能领悟并做到拥抱别人就如同拥抱自己，尚需修炼。

（2）在学习中，关于非结构式团体训练有疑问尚没获得解决，对于看起来无主题的一个小团体，如果时间到了，主题没能出现应对的方式是怎样的，是接受，下次再谈吗？咨询辅导员在其中应当如何起到引领的作用？思考中期盼指点！

（3）在学习中，团体的带领技术如何才能达到高效，是我此次参与学习的最大吸引力。然而学习的过程中我不断地在感受和领悟，最终综合自身的教学经验，个人认为：主题明确，目标突出，带领者思路清晰，活动组织程序明了，时间把控合理，沟通交流到位，辅导用语精练准确，整体活动完善合理，回应技术贴心顾全局很关键，能做到这样应当会是一个非常棒而高效的团体带领者吧。努力中，内化中！

2012年4月10日

机智把控课堂　细节突显效果

——参加省心理特级教师工作室同课异构活动有感

2012年5月4日青年节的上午，海南省心理特级教师李惠君工作室在海南中学举行第三次同课异构的课堂教学研讨活动，这次的授课教师分别是海南中学高中部的陈玲老师、初中部的唐彩霞老师和海师附中的李虹老师。来自省直属各学校、海府地区和农垦实验中学的共有26名心理同行参与听课议课活动。此次课堂主题都围绕着"认识我自己"这个话题来设计同课异构。陈玲的课题为《你很特别》，唐彩霞老师的课题为《做最好的自己》，李虹老师的课题为《我独特，我做主》，看题目就知道三位教师都期待课堂能引导学生发现、欣赏自己的独特性，达到让学生接受和悦纳自己的意图。

三堂课围绕同一主题在不同阶段的学生中展现，课堂形式多样，设计精心，每位教师的授课风格各有特点，教学思路有共性的地方，又有个性的地方。陈玲的"撕纸创作活动"导入课堂，李虹的"传瓶子"调动课堂，唐彩霞围绕"手"的暖身、互动、认识自我的课堂设计等环节，都很有特点。心理学科的教学特色如何才能发挥出每位老师的最佳教学状态，本人此次观课后有以下几点思索，希望和同行进行探讨学习和交流，以便共同提高。

首先，个人感觉近两年来心理学科的课堂研讨至今，大家可以共同出谋划策为我们学科的教学模式定一个基本框架和模式为好，这样日后无论是上初中课还是高中课的老师都能有个基本的步骤。这样会有助于各校同行间的听课互议，同时也有利于青年教师的成长，然后再谈在课堂中如何深入地发挥教师自我的特色以做到更好地把控，目标和主题的实现也会更容易评议些。

针对初一年级和高一年级，学科需要思考它在一节课四十分钟的基本教学模式，然后各位老师才能较好地在课堂中把控好课堂并发挥出自己的特点。比方说：初一教学中能否思考用一个心理教学"五步骤"法（导入—点题—中心主题互动—活动或故事分享—总结），高一年级则不管是在什么样的教室进行教学，就尝试用"分组探讨或小团辅的形式"来教学，更多地让学生通过实践参与，让学生思考感悟，力求一次认识一个小问题，升华一个成长要点。如"热身活动—主题互动—小组分享—思考感悟—小结升华"等。具体什么模式更好，特级教师惠君老师当下可给出一个建议，我想这会是一个心理课堂改革的共性引领，从而给初中心理课和高中心理课确定一个较好的课堂定位。

第二，心理课堂中要体现心理学的小技巧，需要用心用脑来准备。课堂不管是常规课还是公开课，上课的教室场所需要事先准备和协调好，因为有时一堂课中，细节会影响效果。比方说：在课堂中如何用周边窗帘把投影的光线清晰度调整好，师生回答问题互动时如何灵活地使用话筒，让语言更清晰地表达思想，课堂中学生小组互动时是否需要对桌子椅子的摆放进行调整等都可以考虑一下，幻灯片设计需简洁而突出主题要点，条理清楚合理等。这些看起来是小小的环节，如果留心了也许会给课堂增添不少力量，也会给学生和观课教师更多舒适感受，对调动学生的注意力集中来合作参与课堂我想也会更顺利些。

第三，教师这一职业是吃开口饭的行业，对语言的表达是有一定要求的。恰如其分的说话真的是老师的一项非常需要提高的技巧和技能，有些时候不在于普通话是否标准，音量是否高分贝，而在于如何把握节奏说得巧、说得妙，说的让学生感觉到亲切，听的人觉得"真好"，说的人能让课堂的情感跟着老师的节奏而舞动。心理学教师在课堂上的发挥和做咨询辅导的语言表达会有所不同。课堂中，教师那适当的、真诚的、有感觉的语音语调有时就会具有神奇的"吸引力"！练到位一定能为课堂增色不少，教学也一定会更上一个台阶。

第四，每位教师要清楚知道自己教学中的优势和不足之处，认清自我，然后力求在教学设计设想中扬长避短。语音表达能力还要完善的教师，可考虑让学生多些配合来展现；活动组织带领能力在提高的教师，课堂可调动学生班干部来协助参与。当然，这些都需要事先对学生有较充分的了解。课堂中对学生生成信息资源的回应和时间把握节奏都需要一定的教学机制才能较好地达到良好效果。原打算提问五位学生的，必要时可能要改为提问三个，原安排要每个小组分享的，可能需要将资源收集后做课后拓展练习。总之，一堂课的支配时间只有四十分钟，如何在课前就想好应对调整是十分有必要的。

第五，中学生更多的是要应考，是要成长，心理学课堂的开设最重要的就是要让孩子们学会成长、学会发现、学会完善。因此，每一个主题的引领到最后都要落到学生自我成长展望上，我想心理课就达到了心育与智育，与德育教育相结合的最佳状态。

设计一堂课不易，上好一堂课更不易，期待我们在教学研讨中能快速地成长起来。非常感谢每次讲课的老师给大家带来的收获与思考，让我们共同为做一个最好的自己而加油吧！

2012年5月10日

主张者要学会说"谢谢"！

——聆听心理专家李子勋《家庭成就孩子》学习体会

　　李子勋教授是中国科学院心理所与EAP中心专家委员、北大心理系研究生临床指导导师、央视知名特约心理专家，他的智慧有令人欣赏的一面，曾阅读过他的《心灵飞舞》等四部丛书，感谢发来邀请的心理同仁，于6月16日能有幸在海南聆听李子勋专题讲座，心存一分愉悦，感受真人学识！讲座现场云集了省内众多心理同仁与家长。李子勋老师此次课堂没有PPT，没有讲稿，一副轻松随意的样子，好像是来与大家拉家常。近三个小时的课堂，李子勋老师以上课的方式，站着述说完成，平和淡定而自然的语调娓娓道来。他在回应听众提问时，机智温和，思想深刻，观点明确，内容丰富，精彩到位，较好地表达了心理学的专业声音，发人深省，让聆听者获得了一次深切的学习体验，他平和海纳百川的气度和智慧值得欣赏。借此记录下几则回应瞬间，共同感悟。

　　回应观点一："家族树对孩子有一定的影响力，要学会恰当期待并避免不利面。"一位李姓听众在谈到自己家庭情况时，说到非常担心家族树对

自己孩子的影响。李子勋老师表示，作为母亲的女人本身不能焦虑，焦虑就会麻烦，因为焦虑本身是会创造事实，焦虑的时候担心的现象就会出来。在对孩子教育时谈到将来、价值观、情爱等方面时，要让爸爸少说，因为女儿的爸爸身上会期待着王家的信息。李子勋老师强调要营造温暖尊重的家庭氛围。家庭谱图有非常重要的价值，从中可以寻找到家族的能量与资源。孩子在家庭中的排位也会体现不同的功能，要从原生家庭寻找成功的经验将更有价值。

回应观点二："家庭要重视补偿教育，承担起责任。"一位听众谈及在应考教育环境下，我们能做些什么？李子勋老师回应说，当下各位爸爸妈妈能做的是在教育时要明白，社会是按照一致性方式来教导学生的，要以服从为中心。但是家庭要为孩子留下空间，要能让孩子做自我决定，并以多元化的方式来做补偿。教育是需要一个补偿观念的，当学校主体教育可以满足儿童的某些特质发展的时候，家庭就不要再加一把劲，家庭要朝向补偿的思维。当我们主体教育不能给孩子的某些素质教育的时候，家庭必须要来承担这些职责，包括对孩子个性的、自由的、决策的，从小管理自己的、独立思维的、创意的方面等。因为主体教育不能一下变得那么完美，唯一能做的是需要家庭中的爸爸妈妈来承担，爸爸妈妈如果只是主体教育的跟随者，那么孩子永远得不到补偿。若孩子在他合适的时间年龄没有得到某些信息刺激，这个孩子就会出现一个叫初始缺失，就好像孩子小时候上幼儿园、小学，而当他在学校不能获得他想要的，父母也不想给他，父母只是想让他更适应学校的生活，拼命逼迫他要成为一个更好的学校孩子。其实此时父母是为孩子的发展做了一些，但是实际中还是做不好，因为学校主体教育不会为一个孩子改变。但作为孩子的爸爸妈妈，应更了解孩子的需要，要做的就是补偿主体教育不能够关注到的孩子内心特殊的需求，这是家庭必须要做的，如果不做，就是渎职和不称职。有些孩子可能需要更特别的方式来获得成长，而主体教育不能给他的，此时就需要保护并提供给他这种机会，《家庭成就孩子》一书里有这个观念，李子勋老师强调父母不能成为教育的附属品，但在面对应试的教育，孩子回家做了作业又再强压加份试卷给她考的做法，其实这种方式对智力和能力是没有什么意义的。孩子需不需要如此学习，父母应当更了解孩子，父母有义务承担起责任，让孩子多方面发展的责任。而如果选择逃避，把教育的责任完成放在学校单方面并把它合理化，只能说父母不想为孩子花更多的精力。

回应观点三：学会并存理论，理论东西能讲出来都是通约的。一位听众在听讲座后说感到后悔，女儿两岁两个月，但两岁前她没有和孩子有很好的依恋，按照理论观点则担忧孩子日后的发展不顺。李子勋老师在回应时问这名听众是否年幼时和母亲有很好的依恋关系，听众自述说她对自己的母亲依恋只有一年，李子勋老师回应说她已经很优秀了，也很自信，因为她自身表现本身就很好，所以不必后悔。她的孩子当下比她依恋的还长，劝告她不需要后悔，生活中这样做是优秀的，不这样做也是优秀的。言下之意就是告诉她，孩子尽早少依恋其实是好事，这一理念告诉大家，理论能讲出来都是通约的，但是生活不是通约的，劝告大家不要成为知识的奴隶。就在于以为知识讲的是一种真理，其实知识只是一种解释，任何学问包括科学都是对大自然逻辑的一种解释，但并不代表大自然真的是这样。李子勋老师在课堂中反复提醒，不要上了讲课的毒，要学会体验并存理论，生活和学习中你感觉到的就是你的，你感觉不到的就不是你的，不必单纯信专家的。李子勋老师强调，他的理论只是希望让有些家庭找到一定的方向，并不等于在传播最好的思想。他对东西方文化的看法，对心理学不同流派的态度，对自己热衷的理论的分享，都始终坚持兼听则明的原则，时时提醒大家尊重接纳多元文化，不因一场讲座颠覆自己的做法，更不必因错过了某个最佳教育时机而自责内疚。做自己当下力所能及的事即可。

回应观点四：谁主张谁就要学会说"谢谢！"一位教历史的老师在提问中谈到与子女的关系处理时出现两难情结，日常与孩子说不到三句话就会出现沟通不畅的情况，当下不知应当如何是好。李子勋老师建议，与青春期的孩子相处要注意以下几方面：首先要学会分享，要用未知的心态与孩子相处，母亲通常难了解自己的女儿，因为她成长的环境与上一代人不同，她在遭遇消极情绪时，她本身是会向信任的人倾诉。母亲要做的就是帮助女儿保持在外的平衡与完整。其次要学会不主张。主张事情其实很多时候只是父母的需要，当下要知道谁主张谁就应当说"谢谢"。孩子听话，当父母的就有满足感，但是并非孩子自身就获得了益处。生活中，女性在婚姻中多有主张，需要更多。而孩子有主张其实也是在表达其需要，要因人因事而适当满足。再则要充分理解说"不"的意义。独立的人不喜欢说"是"，爱说"不"。有时孩子不回答、不开口并不等于就同意父母的说法。要让孩子坦然做自己，注意沟通的方式方法。那些只能说"是"的家庭不允许有不同的声音。而孩子时常闭嘴无语其实是导致神经症的根源。一个不受压抑和痛苦的人成大器的概率会较高。当然也还要考虑家族史中是否有伟人出现。李子勋老师《家庭成就孩子》一书的理念中，充分点明孩子在2岁之前，要让其尽可能接触大自然，因为人类的智慧是永远不能超越大自然的。理性教育关注的是共性，而自然是有差异的。坐禅、催眠其实就是回到感觉自然的状态。当下孩子到底是乖好还是不乖好，不好说，因为当下发现许多成功的人都不乖，通常妈妈觉得孩子好带是重要的，但是做父母的应当学会在孩子出现不同表现时，注意留心观察分辨，而不把它当成问题。只需考虑当自己不做什么或做什么的时候，孩子会起变化。例如，孩子喜欢折腾吵闹，而当有一天妈妈生病了成为弱者的时候，孩子的叫喊是否会出现减少等。恰当观察尝试后选择适合的教养方式就好。一个人的整体智商更多取决于右脑，是整体思维。以自然的方式认识自然是孩子得天独厚的优势。3岁前，孩子要尽可能和父母建立依恋关系。3岁前不能完成依恋的人日后会较难处理好亲密关系。在福利型和保障型社会是能较好保证孩子依恋感，寻找与母亲的共生状态。因为3岁前的依恋模式会决定孩子的自尊、爱与被爱、安全感和信任感。如果父亲在孩子5~8岁之间没能建立权威，在信任方面存在问题，则孩子日后会在与上级和权威的关系中出现一定的问题。孩子进入青春期即11~14岁时，父亲要善于放权，以培养一种平等感，但要跟随与陪伴。用马斯洛的需求层次理论来分析中国社会。那些小时候物质匮乏的人，长大后会对财富有过度需求和补偿心理。而孩子从家庭里学到的通常不是内容而是感受、情绪和行为方式，所以家庭教育要指向未来，会有一定的规律性。要从家族谱系去学习积极的、成功的家庭教育方法。当下所有的教育理论自有其存在的意义。李子勋老师谈及此次论坛所分享的信息希望的就是营造多元文化的氛围，让教育有更多的选择，更能适应不同的孩子。

2012年6月16日

家庭翅膀，保驾护航

——聆听心理专家陈一筠教授报告有感

2012年7月22日9时，在海南泰华酒店海瑞厅，由清华大学海南总裁班学员主办，特邀中国社会科学院社会学者、中国青爱工程的首席专家陈一筠教授到海南来主讲《事业成功与家庭和谐》公益讲座。一整天的课堂中，这位73岁高龄的教授是站着完成理念传播的，听课学员们要求并希望她坐着讲，可她依然坚持着，也许只有站着讲课，在她自我感觉中才更有说服力和影响力吧。最关键的是，七旬的陈教授朴实的言语中，表达的思路清晰，语言内容实诚，传递的理念中时常有令人感到震撼的瞬间。陈教授的专题中点明青年人在恋爱、择偶、婚姻的考试中不亚于孩子们参加中考、高考各项升学考。青少年的婚恋观、性教育的正确理念认识非常必要。三十年来，陈教授开设了青苹果网站，创办了《青苹果》杂志、青苹果家长学校、青苹果健康咨询热线等，且极富影响力。

近日，在阅读陈一筠教授解读《现代男女的婚恋与性》和《两性世界何处去》两本书中，陈教授要说的是：事业辉煌一阵子，婚姻幸福一辈子。书中她谈到了：爱情是一项事业，要投入学习，择偶是在选择一种原材料，幸福婚姻是夫妻共同创造出来的艺术品，独具匠心地处理才能创作出作品。人有三种年龄：自然年龄、社会年龄和心理年龄。自然年龄只是个参考因素，择偶时要选择社会和心理年龄相配的。但婚姻需要学习、需要经营。

如何做夫妻和父母，当下太多群体性无知倒置的婚姻问题、社会问题众多，当下许多职业都需岗前培训，并获得相应的学历文凭、资格证书，唯有做夫妻和做父母没有资格证。对爱情婚姻的无知、茫然成了现代男女婚姻挫折的主要原因，家庭教育不到位，社会教育不到位，学校教育不到位，通常会导致无知者无畏，进而形成恶性循环。

当下提高人的思想素质很关键，计划生育下人的重男轻女、养儿防老等育儿观念造成的男女比例失调，间接地也会威胁到日后的家庭。而作为家长，如何端正自我的思想认识、提高家庭子女的思想和行为引导及其重要。

"听其言，观其行，促其进"是家长们面对少男少女之情应有的态度。

爱情应当是一种美好的且激发双方进取向上的力量，两个相爱的人，一定是彼此珍惜、相互鼓励、相互追求更高的人生境界。双方因为有爱情的激励，定会使自己变得更优秀、更完美，值得对方爱。如果是这样的爱情，无论发生在什么年龄，都是值得祝福的。

青爱工程2012第二期诸葛亮会（专家、领导回应篇）中，陈一筠教授在文章《让爱的教育在校园里落地生根》中谈及要正确理解"青爱的任务"：

（1）艾滋病是行为疾病，是不负责任、没有保护、不安全的性行为的结果，也就是错爱的结果。

（2）心理健康教育要去心理学化，要真正服务于学生成长的实际需要。

（3）心理健康的根源更多来自社会原因。

"教育太过功利的社会现实中，如何更加有效地突破人们观念的壁垒？"

"心理教育如何与生命教育有机融合？"

"如何才能有效避免心理教师单打独斗的工作状态？"

针对老师们提出的问题，著名青少年生命教育专家、江西师范大学郑小江教授给出生命教育的视角，陈一筠老师也做出了以上具体的解释。

陈一筠教授博文：《学会真诚的爱，建设和谐的家》

爱是人生最重要的需求，也是生命持续与发展的基本动力。

在一个家庭之中，存在着不同关系、不同性质的爱：子女对父母的爱，兄弟姐妹的友爱，夫妻的情爱，父母对子女忘我无私的爱，正是这些爱的力量，把家庭成员凝聚为一个整体，彼此和谐相处，感受着特殊的关怀和信赖。因此，家庭关系是任何其他关系不能替代的。

另一方面，家庭作为社会的细胞，家庭的和谐又成为社会和谐的基石，家庭成员的爱延伸到社会层面上，使各种社会关系获得爱的滋养，社会生活就会充满温暖和阳光。正是从这个意义上说，建设和谐家庭是构建和谐社会的基础。反之，家庭的不和谐必然影响社会的和谐与安定，这是无法否定的逻辑。

人类特有的爱不是本能，并非与生俱来，而是需要学习和训练的，在今天这样一个瞬息万变、激烈竞争的市场经济时代，人们不惜花费大量的时间、精力、金钱去学习谋生及事业与家庭的失衡之术，进而使事业的成功少了意义，人生陷入无爱的苦境。美国心理治疗专家帕克博士指出："大多数精神疾病都起因于对爱的误解或爱的缺失，爱是导致许多精神疾病的原因，又是治疗精神疾病的良药。"

家庭生活的经历往往会决定孩子对世界的看法，生长在温馨而充满爱的家庭中，孩子容易把世界看作一个温馨而充满爱的地方，而在冷漠和充满敌意的家庭中长大的孩子，则往往把世界看作一个冷漠而充满敌意的地方。显然，爱首先是在家庭中感受、学习和传递的，因此我们说，家庭是爱的学校。

家庭关系有着自然性、亲昵性、稳固性特点，家庭可以培育出最真实、最强烈、最不可摧毁的爱。儿童在家庭中学会了爱，长大后才能够去爱朋友、爱配偶，进而成为有爱心的父母。大量的心理学事实告诉人们，爱首先最根本的培育场所是家庭，爱在家庭中萌芽，也在家庭中开花结果，自幼没在家庭中感受和学习到爱的孩子是可悲的，日后的各种问题，都可能源于此。

正是由于家庭在培养爱的能力方面具有不可替代的作用，我们才会看到，最近30年来，我国由于家庭动荡解体的数量大增，给多少家庭成员，尤其是孩子，留下难以治愈的创伤。而未成年人违法犯罪这不能不引起我们的严肃思考：究竟是用警察、监狱、戒毒所、心理治疗门诊去解决未成年人的问题，还是用促进家庭稳定和谐给孩子提供更多爱的滋养来预防青少年问题更有效果呢？

中外专家的研究认为，父母双全并且和谐的家庭，是孩子成长的最佳环境，在这样的环境里，孩子获得自尊和归属感，学习规范概念和道德意识，而这些都是孩子人格健全的成长要素。亲生父母组成的和谐之家，给孩子带来安全感和充分的爱，父母之爱就像天空洒下的阳光，使植物茁壮成长，花叶满树绽放。

2012年7月28日

泉城济南，国培学习

——赴山东师范大学参加高中心理健康教育国培学习有感

2012年10月10日至20日，作为年度推选代表海南省高中心理健康教育的参训学员，按时到达泉城济南山东师范大学心理学院参加课程研修。在学习期间，国培1、2两个心理班合班上课，共91人，每天的学习紧张有序，上下午上课，每半天一个专题，晚上有时也协调安排了课程，每天听课结束后要求完成并上传电子稿感悟心得，学习结业前还要求上交一份千字以上的主题论文。另外，在结业后三个月内按要求要研讨完成一份培训后专题作业。本人在学习期间被安排为1班1组组长，这次国培学习10天时间里，分别有13个专题学习、两个专题学员论坛、一节心理观摩课和咨询室建设参观，以及一次开班典礼、一次结业典礼和一次集体登泰山活动。

授课专家分别有山东师范大学的副校长、心理学院院长张文新教授及山东师范大学教育学院和心理学院的各教授和副教授。另外，还有外聘的东北师范大学的刘晓明教授、清华大学教育研究院高级访问学者王鹏博士、潍坊市坊子区心理教研员杨秀蕾、青岛二中高级教师曾莉、北京师范大学心理学院韩纵纵博士、山东省教学研究室心理教研员、教育部"国培计划"培训专家张玲玲博士、海南师范大学附属中学特级教师李惠君。同期，还观摩了山东省实验中学温学琦老师的一堂高中心理课。

此次学习，内容丰富，时间紧凑，系统性强，针对性强，从教师专业化与职业道德专题到高中生常见的心理与行为问题分析；从个体心理咨询技术、团体辅导技术专题到探讨中国学校心理健康教育发展历程与实践走向话题；从高中生亲密感异性交往课题、中学心理量表的编制与使用到心理健康教育与班主任工作、校园心理危机干预的策略与技术、高中心理课的设计与操作、高中生考试焦虑及其心理辅导、教师心理健康维护等专题，层层深入，全面细致地展开学习。另外，学习间还由来自全国各地的学员们共同开展论坛研讨，探讨关于我的工作与青少年积极发展、心理健康教育与班主任工作两个主题。学员们思维活跃、观点鲜明、态度积极。学习期间，班委及时收集学员们的感悟心得，出版了一期论坛专刊和三期简报上交教育部。而本人在认真学习专题理论的同时，积极配合班级工作，完成各项任务，顺利结业并获得了优秀学员荣誉证书。

学习中，第一天开班典礼后的第一课题由魏薇教授讲授。她说道："教师专业化包含双重含义，既指教师个体通过职前培养，从一名新手教师逐渐成长为具备专业知识、专业技能和专业态度的成熟教师及其可持续的专业发展过程，也指教师职业整体从非专业职业、准专业职业到相对专业职业进步的过程。拥有职业视角将帮助你意识到成为教师是一个旅程，而不是一个目的，这样你才能打好自己的行李，做好旅行计划，不过要记住'到达那里'的过程和'已经到达'是同样有意义的。教育是慢的艺术，生命有多长，教育就有多长，教师之树是用其一生长成的。如果想要在实践中成长，我们有三个去处：一个是达成优秀教学的内心世界；一个是由教师同行所组成的共同体，从同事那里我们可以更多地了解我们自己和我们的教学；另一个是有专家的引领。

学习完这个专题后，当天我写下的第一篇感悟叫《清晨的一缕阳光》，其中写道："济南的十月，清晨的阳光洒满校园，作为2012年高中心理健康教育国培班学员，聆听了魏薇教授的专题课后，当下要做的就是坚定信念，做好教育规划，用心学习知识，知道自己成长的方向，明白'生命有多长，教育就有多长'的道理，懂得用一生来培育一棵能诗意栖居的富有自我特色的教师之树！要尽力做到的是让爱在有需要的地方看到你的责任……"

接下来的每个专题学习，都有不少的感触和收获，学员们的智慧火花在专家教授们的引领中最大限度地产生了共鸣，特别是在学员论坛专题的那一天，同学们的探讨更是精彩纷呈，而我那天写下了第三篇感悟，题目是《阳光心情，快乐成长》，其中写道："四个探讨专题的引出点燃了同学们头脑中的智慧之花，四海皆兄弟，姐妹一家亲，难得在山东师范大学这样一个有限的4207教室里，集中了天南海北的兄弟姐妹们，智慧的火花在此时绽放，灿烂非常。想说要说的同学们争先恐后，这种积极的状态是一种温暖的力量。在静静聆听同学们的表达中，不由让我想到这样一个故事，一个关于'胡萝卜、鸡蛋和咖啡豆'的故事。三样东西面临同样的逆境——煮沸的开水，但其反应各不相同。胡萝卜入锅之前是强壮的、结实的，但进入开水之后，就变软了。鸡蛋原来是易碎的，但是经开水一煮，它的内脏就变硬了。而粉状咖啡豆则很独特，进入沸水之后，它们倒改变了水。'哪个是你呢？'亲爱的同学们！同学们都很想知道各省、市、县的心理健康教育开展的情况，想知道自己的前景在哪里，班主任工作怎么做，心理工作怎么做，高考应考怎么做，科研和成长怎么做？"

学校工作，教书育人，面对的对象是人，很多时候是不能依葫芦画瓢，而是要因地制宜，选择适合你的方式和方法来做才好。在此就让我用下面四句话来说说我的感悟吧。

（1）班主任要注重与学生间的沟通交流，真诚恰当对待。

（2）心理教师尽量要有自己的必修课堂阵地，然后争取在其他学科渗透理念。

（3）面对高考，是"减压助考"，还是"信心激励"，因人而异。

（4）科研成长需要用心投入，要做自我想成长的人，发现并找到自己能做和想做的可能，善于积累升华，阳光自然就会照耀你。

相信自己，无论在什么时候，只要能晓之于理、动之以情地去处理各种问题，相信你想做而能做的事是有可能做到的。发现并明了你现在走到了哪一步，准备好了就让心理这艘船扬帆起航吧。如果你坚信自己适合并有能力做这件事，就一定要让自己发出一分光和热。

国培计划的学习，最大可能地凝聚了来自全国各地同一专业的老师，山东师范大学为大家提供了时间和空间共同学习，共同成长，交流思想，专家理论的学习及学员间各地实践经验的交流，取长补短，协力推动。通过学习发现，我校的心理健康教育工作开展步子不算晚，课程开展和值班辅导相对规范，学校支持的力度相对较好，创新模式的研讨和改革有一定的前沿性，唯一不足的就是人手较少，力量薄弱，不能较好地在全校每个年级都开设课程，关于心理电子档案的构建工作还有待加强和完善，校园心理报的制作有待增强，心理社团的组织还不到位。参观中知道了山东省实验中学杂志《校园心理》已经是第五十八期了，获首届全国中小学校内刊物评比最佳校刊一等奖。

　　国培学习结束，我们高中心理健康教育当下可用一句"高度决定气度，眼界决定世界"的话语来勉励自己。在当前素质教育课程改革的进程中，充分调动学生的心理潜能，构建学生的多元智能结构，明确人才培养中生理、心理、社会文化三方面均衡的人才会是较为优秀的人才很重要。良好的心理素质是人全面素质中的重要组成部分，在校园管理、班级管理、学科教学中力求渗透心理理念和团辅技术，将会更突出和落实科学发展观的核心"以人为本"、以"心"为本的宗旨，学生成长需要价值引导，价值引导是中国心理健康教育的一大特色。在实践中，在完成价值尊重、价值澄清后，价值引导要成为必然，否则，心理健康教育也就失去了方向。心理健康教育的价值引导与传统德育的不同在于，它是建立在充分的价值尊重的基础上，经过科学的价值澄清之后由学生自主进行的过程，因而具有更高的实效性。期盼我校心理工作能与省内先行学校接轨，与全国接轨，为全校师生营造一个健康积极向上的良好校园风貌而努力进取。

2012年10月23日

山东国培，难忘泰山行

　　蝶泉湾坐落在翡翠山城河畔边，我校的正对面。房地产开发建设中，项目广告语是："爱护宝岛碧途中水蓝天，共建山城美好家园"！近期上班看到这一建筑，让我想起参加国培计划到达山东济南进行的国培学习历程，那次学习是我人生中一次难得的经历。记得学习结业将要返程的早晨，抽空和海南侨中的刘莲老师一起来到山东博物馆参观，沿途看到了一幅非常大的广告牌，上面写着："蝶泉湾——山东人在海南的家"。当时令我惊讶了一番，心想山东人也向往着海南这块风水宝地啊！曾经菊花遍山坡的河畔，当下由山东人开发建设成蝶泉湾小区，希望它能为大山增添更多的美丽和惬意。

　　2012年10月到达位于泉城济南的山东师范大学，没去前对它没有直接的感知，到达报到后班级中国培的学员来自全国各地，北京、上海、江苏、西藏、广东、海南等，真可谓天南海北，各路"神仙"汇聚一堂。这样的学习机会值得珍惜，对于我来说，此次山东之行更是意义非凡，感受深切。

　　学习期间，国培1、2两个心理班合班上课，共99人，每天的学习紧张有序，每半天一个专题，晚上有时也安排了课程，山东师范大学研一班的学生说，我们每半天就能把她们一年要学的课程给浓缩学完了，很厉害。每天听课结束后，按国培要求还要完成并上传电子稿感悟心得，学习结业前还要求上交一份千字以上的主题文章。另外，在结业后三个月内按要求还要研讨完成一份培训后专题作业。本人在学习期间事先被安了个"小官衔"——心理1班1组的组长，每天要负责催收学习心得，协助班委开展一些工作。那日，在惠君老师的课堂上，还被推选为小团队的"家长"，完完全全回到了学生时代，角色需要转变。值得高兴和欣慰的是，国培班人才济济、高手如云，较少出面说话表现的我，安排任务时通常通过编写短信来通知组员，庆幸的是我们组无论组员的年龄有多大，身份职务有多高，在那些日子里都非常尊重和配合我，这让我很感动，任务落实协调完成也非常地快。

学员论坛研讨的专题时间，同学们思维活跃，观点鲜明，态度积极，才华横溢。班委及时收集全体学员们的感悟心得，出版了一期论坛专刊和三期简报上交教育部，编辑的内容兼顾全体同学，我的一则学习心得也被收录其中。学习期间，听取专题理论的同时，也尽可能地做到认真配合班级完成一些任务，最后顺利结业并在自我感觉有些意外的情况下被评为了优秀学员。和国培班班长交谈时，我问班长，我在学习期间并没有说很多话，也没有把握机会争取表现自己，得了优秀似乎有点意外。而班长回应我时说了这样一番话："山不言自高，水不言自深，在学习期间，你所做的点点滴滴表现了极强的责任心，很出色地完成了任务，评得优秀学员当之无愧。"能这样被肯定，我除了用快乐的微笑表示感谢外，更多地是想祝福国培班的同学们，谢谢同学们给我的这份快乐。

泉城济南，置身其中时只感到忙碌而充实的学习生活，而当下回想起来，真是有不少精彩值得记忆。来自上海的李哲浩同学，喜好摄影，将学习的每天精彩瞬间都记录下来，同学们的表现、每位授课教师的精彩、集体出游的画面等，最后还编制成了长达17分钟的视频短片《缘分的天空》上传空间并在结业典礼中播放，短片感动着每位学员和每位专家老师。济南的十月，清晨的阳光洒满着校园，记得我在国培学习期间写下的第一篇感悟就叫《清晨的一缕阳光》。感受着初冬的济南阳光，每天上学路过并欣赏着校园里的绿枫叶，还有山东师范大学校园里那尊高大威武站立挥着手的伟大塑像，时常能给人以无尽的力量。10月15日，这天心理学院组织国培学员们集体出行登泰山。那天晴空万里，阳光明媚，风景秀丽，学员们劲头十足。对于我来说，这一天是非常有纪念意义的一天，因为恰逢我的生日，生日这天我在登泰山！从济南到泰安的车上，吉林的范纯静老师非常活跃而主动地在主持着旅行中的节目，一时间老师们似乎没能进入状态，调动不起来。为了助力，我说了一句："谁要能表现好，我会奖励巧克力！"纯静同学的那句："加油啊，李老师有奖励！"结果，还真起到了一定的作用，同学们热闹起来。胡胜利老师，来自厦门年长的科研领导人物，我的组员，他被请出表演节目，一时不知要演什么好，我间接提醒他，可读他的国培第一份作业"120字的打油诗"。他起来说了几句，我兑现奖励给了他一颗糖。他笑嘻嘻的接了过去。这位老师很有趣，在学习期间留给大家一次合不拢嘴的记忆，那是在学习的第二天，授课专家正在教室讲课，而我和来自云南的晓玉同学听到一阵极响亮的呼噜声，循声望去，胡老师坐直了身子微闭着双眼竟然打着如此响亮的鼾声，着实令人佩服啊！那一时分我掩着嘴控制不住地足足笑了近三分钟。及时推醒他让他调整后，他很不好意思，笑了笑。说来也难为他了，上了年纪的领导人物还坚持坐在学生教室里从早到晚学习，不太适应也是情有可原的！

另一个组员是来自福建的欧志军老师，学习期间一直保持着较为沉静的姿态，这天的表现也格外的轻松，走到前面说他会玩抛苹果的游戏，打算给大家表演，后因担心跌坏苹果而作罢，改抛糖果了。大家建议他唱首歌，他说他只会唱儿歌《一分钱》，大大的大人们唱起小时候的儿童歌，心境好像回到童年般。还有云南的杨晓玉，快乐地走到前面唱起了两首她们云南的民歌，非常好听。宁夏的谢媛姑娘、广东的李之宁、青海的赵廷虎还有其他的国培学员们都珍惜着这份不可多得的快乐时分，充分展现了自己。在车快行驶到泰山脚下时，伴着这欢乐的气氛，我告诉车上的同学们，今天恰巧是我的生日，同学们惊讶极了，说这是非常有意义的一次生日历程啊，人生真是不可多得。是啊，这天除了收到来自亲人、友人们的短信祝福外，还能这么特别地和全国各地的同仁一块度过一次生日真难得。全车学员不约而同地在纯静同学的主持下为我唱起《生日快乐歌》，一分感动和快乐在其中！

泰山为我国的"五岳"之首，又称东岳，是中国最美的、令人震撼的十大名山之一。孔子曾留下"登泰山而小天下"的赞叹，杜甫则留下"会当凌绝顶，一览众山小"的千古绝唱。今日我和大家一起10：10分开始从中天门起步，经过龙门、升仙坊，途中遇见几位下山的老太太。一位老太太边下山还边唱着"啊牡丹"的歌曲，当时也不知哪来的兴奋心情，应和着她们我也哼了几句，我们开心地对视一笑，非常有意思。我们于11：40分左右到达南天门，到达天街玉皇顶。泰山安，国民安，国泰民安！美好的祝愿随着风儿迎面拂来，风和日丽，这边风景独好！

"加油啊！"这是那日远在海南的同学在我快到达南天门时给我发来的鼓励。"还行吗"是途中来自北川中学的组员陈钰老师关怀的问候。"我带了十个苹果，想着一路吃到山顶，现在快到了，还有五六个，来，给你一个，帮我减负。"这是来自云南的李旭老师在行进中要超越我们时的幽默。同学们真有趣！午餐时分，在山顶和吉林的纯静同学分享了小蛋糕，之后她体贴地请我品尝了现场制作的山东特色小吃"鸡蛋煎饼卷大葱"。回想那天，当友人们知道我正在山顶时都说仿佛身临其境，让我要大喊几声，有趣的是，当时我内心并没有想喊的冲动，而是只想深呼吸……

登泰山，只有一条主路线上山，困难不算太大，能否到达山顶，考验的通常是一份持久力，我坚持做到了，徒步登上了泰山顶。下山和纯静一块选择了坐缆车观光下山，没想到，开朗活跃非常优秀与我同龄的纯静有个小小特点——害怕坐缆车。我靠向她对她说："别怕，我和你在一起！"学员们登山步伐先后不均实属正常，上山时，大家约好按时下山后再集合，组员江苏的张卫芹老师在前进路上我没能看到她，为此有些担心，因为她是我们组里的老大姐，她没有选择坐缆车而选择了走一走，到达山顶时给她发了短信问候一下，可到山底集合时还是没能发现她，接连打了几个电话后，她才接到电话告诉我她正坐缆车下山，很快就到了，见到我的那时，她说："刚看到你给我发短信打电话了，觉得很温暖，谢谢你！"龙门天街，快乐而美好的一天，值得记忆的一天，感谢心理学院的老师们的安排！

晚上，回到济南，入夜醒来听到雨声，感受着济南的这场冬雨！写下这篇感悟，回想着这国培期间的点点滴滴，相信每位学员都和我一样，有着不同的感动时分。执笔写下留存一份记忆和一份快乐，感受一次不可多得的人生旅程！有些时候，没有规矩不成方圆，学习中如何协调好时间，做好我们自己，当学时学，当玩时玩，丰富阅历，无愧于心是需要的。此次代表着专业学科，代表着省里参加国培学习，听取专家和学员们的课程，感动常在！此刻，不由得让我想起山东师范大学魏薇教授和佘瑞琴教授留下的两句话：教师要"常怀一颗仁爱之心"，相信"教师的大树是长成的"，借此和同仁共勉！

　　教育是慢的艺术，生命有多长，教育就有多长，我们需要懂得用一生来培育一棵能诗意栖居的富有自我特色的教师之树！相信自己，无论在什么时候，只要能晓之以理、动之以情地去处理各种问题，相信想做而能做的事是有可能做到的。明确方向，发现并明了现在走到了哪一步，准备好了扬帆起航。如果坚信自己适合并有能力做这件事，就尽力让自己发出一分光和热。泉城济南，国培学习，快乐而美好的记忆！

2012年10月23日

立足校园　解除困惑

——关于开展心理课后辅导工作有感

　　我校高中心理健康教育正经历由一门课程或学科向整个学校教育教学全面渗透的转变，从开始面向部分学生的个别辅导转向促进全体学生发展的团体辅导，从单一的辅导过渡到以预防、优化、发展的多元化辅导。当下倡导"以人为本，以班级为核心，促进全体学生全面发展"的心理辅导模式，"每位教师都应成为心理健康教育的工作者"的理念正在渗透中。良好心理素质是人的全面素质中的重要组成部分，心理健康教育是提高中小学生心理素质的教育，是实施素质教育的重要内容。

　　高中心理辅导工作在2004年以前是以讲座和选修的方式开展，自2005年后开始在初一和高一年级开设心理辅导课程，每班每周一节课，2007年参加海南省继教中心培训者培训班组织的学习后，体验了团体辅导的技术，回校后在高一年级尝试实践落实新模式的心理课堂教学，申请了团辅教室，开始设计相关课题，编设校本教程，实施团体辅导课，宗旨就是为了让学生能快乐学习，调动潜能，激励学生学习，形成自信乐观的个性特点，学会自我调节。同时也是在每周繁重的应试课业中获得一次缓解心境、体验成长的过程。

　　近五年来，学校心理工作主要面对高一、初一新生年级开设必修课程，其次在高三、初三年级开设考前辅导和课后咨询辅导工作。高二、初二年级主要以课后值班时间个别辅导和信件回复为主。同时在不同时期分别开展相应组织各心理专题活动，如"525"活动，10月10日活动（广播，知识小报等），心理剧编排，学生心理社团组建等。

　　当今社会的人才应当包括生理、心理和社会文化科学知识三方面表现良好。高中生的积极发展关键是要在思想认识上有恰当的意识，从而引发自身的行为，最后落实到具体的行动中。如何调动青少年积极成长和发展的固有能力是重要的。校园内的许多国家课程设置多数是为了让学生充分习得必要的社会文化科学知识。而在习得内化中，兴趣是最好的老师，其次每位学生内在的学习动机和持久力是需要激励和保护的。

在心理学上促进青少年的积极发展有一种理论叫"或然渐成论"，这种理论认为个体的发展是经历一个个体与影响因素间交互影响的过程，发展不是以一种预定不变的或可预见的方式实现的，而是以一种或然可变的或不可预见的方式实现的。也就充分说明学生发展是个动态的过程，而在动态的过程中，如何能保持和维护好学生前进的驱动力很关键。

钟志农老师曾说"真正的教育应当以心为本"。作为心理学科，我校中学的心理辅导工作开展在海南省内起步相对不晚，教学和辅导成为常态，当下期待各年级各学科和班主任能充分认识心理学的技术并将其加以良好运用好，渗透在各科教学及管理中去，相信那将会达到事半功倍的效果。

本人在心理辅导工作中，除参与高一年级的课堂教学外，还坚持每周两次的课后值班辅导，从学生的咨询辅导所收集的问题来看，当下问题多数为学习困扰问题、人际交往问题，且情感问题较多，有些学生从初中开始就到咨询室来咨询辅导，懂得维护和保护自我的稳定心理状态，学会成长，有些学生咨询持续了一两年的时间。最长时间的辅导咨询有几位是近四年时间，作为辅导老师一直陪伴着学生直到考上大学，走出校门。存在困扰问题较为严重的学生，了解具体情况后都能注重与学生和家长等相关机构和人员进行沟通，并协同干预。咨询中有反映出与学科教师有关的问题也能及时和教务部门联系，期待师生融合，力求为学生创建一个和谐的学习心境和氛围。通过多次辅导经验总结本人有以下几点建议。

一、德心渗透，形成合力

（1）班主任可以以周记的方式与学生建立一对一的私聊空间进行互动沟通。每周一句话的述说、一句话的点评，可以来自学生内心方方面面所有其想说的，班主任给予回应和指导帮助，相信这也是一个能走进学生心灵的有效做法。

（2）班主任开展不同专题的主题班会形式，帮助学生有计划地形成好习惯，如读书习惯，记笔记习惯，讲卫生习惯等各种学习和行为习惯，强调借助21天的意志坚持训练。

（3）在班级个别学生犯错时，注重谈话的技巧和艺术，积极渗透心理学中的真诚、倾听、尊重、关注，共情与同理等技术。采用写说明书、改进计划书等方式来替代写检讨书。

（4）开展"今天我当家""十八岁成人礼"等教育实践活动。让学生学会与父母及家人沟通，学会在不同阶段中学习成长并表现个人的自我约束和管理能力。

（5）建立网络交流平台，在校园内，为班主任与心育教师以及管理者创设一个简便无时空限制的沟通渠道，有关学生德育方面的困难问题和案例可以留言共同探讨解决。形成班主任团队与管理者之间的协同合力，同年级段男女班主任可共同协助管理不同性别学生的各类问题。

（6）管理者给班主任开展定期培训，借助书籍、专题培训、团队辅导等方式，让其获得更多的心理学知识与技术指导班级学生管理。

（7）建议年度班主任德育论文侧重于开展管理中"心育"工作渗透起实效的专题研讨。

（8）积极促进各年级班主任和各专业学科老师和心理老师合作，借助沙盘团辅活动，了解自我和他人间的配合情况。

二、信心激励，减压助考

本人曾参加高三高考总结研讨会，会议中，年级长余庆礼老师在总结时说过这样一句话很有意义，他引用说道："只要有人，什么奇迹都有可能出现！"高考之所以能考得好，主要是因为"生源好，规划早，期望高，信心足"这十二个字。

每年的高考总结都较充分地谈了不少当下的经验和存在的问题。学科老师们有说到了当前学生对背诵的积极性较低，不喜欢记忆，因此而失分。课堂中老师讲的知识点不少，但学生学习的结果并不佳。谈到在近高考前的一周时间里让学生自主学习，可学生还不懂自主复习，非智力因素失分的现象比较多。且还有审题不细致、答题不规范等。同时发现班主任工作的引导很重要，要加强心理调整和班风建设，心理状态会影响考试的发挥，教师团队要协助集体备课，培优辅差等要关注学困生。学生的解题思路和解题技巧要加强，书写和语言的表达能力等多方面都需要提高。

结合老师们提出的以上问题，作为心理辅导教师，我有以下几点建议，有待与大家一起探讨。

第一，高三的课堂中，老师的讲能否转变为鼓励学生问，让学生有针对性地有更多的时间来请教老师解决自己想获取的知识。

第二，学生的基本答题规范和审题细致问题能否集中做一次抽查检验练习，以当作硬性指标般的严格要求学生训练习得。

第三，高三班主任的班级管理指导，能否尝试在班级中形成一种互助提高的学科三人小组或五人小团队等方式，互相听取背诵和记忆，互检学习过程等。

第四，培养学生的自主学习能力，不只是局限于让学生在课堂中学习，特别是重点班的学生，能否让学生到图书馆或电脑室去，或安排各学科老师在办公室坐班，关注学生的同时也教会学生主动问问题，为学生提供问问题和解决问题的时间和空间，开放式地让学生自主选择学习的方式，借助现代手段获取他们自己最后阶段还需弄清的知识点或难题。

第五，考前学生自我心理评估，发现自我在心理稳定性方面还存在哪些影响发挥的因素，及时习得并获得帮助。

2013年1月8日

做一件让世界变得更美丽的事

——参加2013年省级心理教研活动有感

2013年11月7日至8日，海南省教培院符明老师邀请了两位专家到海南给大家开展了为期一天半的学习培训。一位是青爱工程"空中联盟抚顺基地"首席专家兼项目总执行人、青爱工程全国第一家青爱小屋创办人、抚顺市基础教育领域首届研究型名教师、抚顺市"最美十佳教师"、北京师范大学哲学学士、教育学硕士（发展与教育心理学专业）、中国科学院心理学博士在读、国家二级心理咨询师、中学高级教师白云阁女士。另一位是江阴市第二中学专职心理辅导教师、江阴市精神文明"十佳"新人新事——开发青少年潜能教育的"知心叔叔"李昌林老师。两位专家此次带来的主题是《跟孩子们谈性说爱》及《生命教育与绘本阅读》。此次参训的老师们来自全省各市县，共有200多名中小学教师参加学习，其中有学校的校级领导、心理辅导教师、班主任教师及管理工作者等。

一、跟孩子们正确的"谈性说爱""说破无毒"

通常，在中国人的眼里和孩子们"谈性说爱"是较为难以启齿的话题，更别说在课堂上大张旗鼓地去谈论，因此造成当下许多中学生获得相关知识往往都通过媒体或者是一些不够健康的书籍以及网络渠道，未成年人在没有成人恰当指导下学习这方面的知识往往会走入一些不必要的误区，从而造成当前校园里或社会上常现一些不妥行为和事件。白云阁老师此次培训将"性"搬上了讲坛，让大家要正视性教育，关注孩子性成长。白老师优秀的语言表达给人在聆听课堂时是一种美好的感受。她告诉教师们在青少年中开展性教育的意义及要解决的五个维度：①亲密关系；②性认同；③性取向；

④性与生殖健康；⑤性欲表达；⑥性渴望。性教育是引导人们如何做一个健康、自信、快乐的男人和女人的过程，即身体层面——健美，心理层面——自信，社会层面——和谐。

给孩子们上性教育课的老师应当具有的价值观和态度要注意以下几方面：①专业的态度和观点（科学视角，人文关怀）；②不评判原则，尊重、接纳，安全的支持氛围；③鼓励、支持青少年做知情选择；④负责任、宽容、真诚、热情、共情；⑤赋权，让青少年参与、说话、表达；⑥教师不是唯一权威，每个人都可能是性教育专家；⑦不能只关注结果，更要关注过程。

白老师认为性教育问题"说破无毒"，她提出在开展性教育课堂时的几点建议：一是为确保性健康课程有效性，是安全的，一定要建立规则。二要分享感觉和经验的界限。如老师遭遇挑战时，是否分享要自己决定，知道分享过后的影响，然后慎重抉择。三是教师私人问题可不回答，讲究技巧。四是对于保持沉默、不爱表达的学生，应灵活把握。不说不一定没有参与及影响，孩子有不说的权利。五是个人观点不要强加于学生。不同文化背景和成长经历的人，对性的认识可能有极大差异，要表示尊重。六是保护孩子隐私是至关重要的。七是给孩子们提供可以问私人问题的权利和通道。

我想现实生活成长中的每个人，都应当明白爱是需要学习的，性也同样需要学习，期待作为父母和教育工作者的我们都能恰当地跟自己以及中小学生们"谈性说爱"。

二、学会尊重生命，感受小绘本中的大学问

江阴市第二中学李昌林老师就《生命教育与绘本阅读》这个专题做了一天的培训。这是一位擅于积累的老师，此次培训给大家带来了非常丰富的教学资源和素材，还特别带来了一些教学可用的绘本图书，小小绘本里有大大的学问，里头简单而浅显的故事，传递着不同侧面的学问和道理，值得深思和借鉴。

培训课堂中在谈及生命教育时，关于生与死的视频资源让人看得触目惊心，特别是生的环节（顺产和剖宫产），如果不是任妇产科的医生们，我想几乎没人能这么全面而完整地切身感受这一过程。这段视频如能稍微处理一下隐去较为血淋淋的镜头，保护一下那些尚未做母亲的女性心理，将会是一则非常好的青春期教育资源，教孩子们懂得母亲的伟大和艰辛，教孩子们懂得尊

重生命，爱惜自我，让孩子们正确而理性地认识"我从哪里来"的问题。

尊重生命，保护生命，爱惜生命，生活中的每个人如果都能从自己做起，好好爱护自己、珍惜自己，才能更好地关爱别人和社会。懂得生命的规律，好好审视自我，透支生命的事不要常做，为一时之欢而损害生命的事要懂得节制。正如李昌林老师课堂中提到关于喝酒的话题，他表示，一年中偶尔醉一回醒来如果是快乐的那可以接受，但不必常醉。如果醒来是痛苦的、难受的，那就提醒自己绝不再醉。醉酒带来多少伤害事件和痛苦事实实在值得三思。酒业的盛行如何避免恶性循环事件发生需要重视。还有烟行业，视频里播放着那吸下400支烟后造成的可怕黑水实验，种种危及生命的东西为何就没能有取缔或可替代品的出现呢？以及那些开发商、制造商发明出来的带有太多负面信息的网络游戏等，为何就没能好好换位思考一下，为他人为下一代着想一下，而不单纯只从盈利的角度着想呢？

小绘本《花婆婆》的课件里那个小女孩的心愿是："做一件让世界变得更美丽的事"，多么美好的故事。事实上，生活中的每个人，一生中如果都能尽心尽力去做好一件让自己和他人都满意的事，那会多么有价值和意义呀！在此，让我们为一棵大树的茂盛，去做一片最美的叶子吧！生命是树，品格是果，好树才能结好果。相信我们心理学科的发展就是为了让人们懂得"改善因，修正果"的过程。

"人生的价值，在于真诚地爱人与被爱。"李昌林老师的培训课堂上给参与活动和回答问题的每位老师都发放小小心语卡片，那里面的每一句话都是能触动心灵的话语。我拿到的一张卡片上面写的正是这句话。感觉此话说得挺好。生命教育、性教育其实就是爱的教育。李昌林老师让符明老师和惠君老师在培训课堂结束的最后共同托起的一个"爱"字，意义非凡，爱需要学习，需要责任，需要能力，需要保护！她（他）们正在共同做一件让世界变得更美丽的事情，而亲爱的我们，也一起努力吧！

2013年11月15日

求是，创新

——参加省级赴浙江大学干部管理培训班学习心得

2014年10月9日至18日，在厅领导的关心和厅组织人事处的精心组织下，本人作为省直属学校一员，受校领导选派有机会参与此次在浙江大学举办的2014年海南省教育管理干部培训班。同期培训的班级成员有厅机关、厅直属单位（学校）和市县教育局中层以上干部共56人。

本期培训班课程形式多样，内容丰富。强调人文素养、创新精神、管理方法和领导能力的培养，关注教育改革热点和教育行业特点，涉及教育政策法规、教育管理、领导科学和加强社会主义核心价值观、理想信念及道德品行教育等内容，同时安排参观了浙江省排名第一的杭州市第二中学及办学特色鲜明的杭州市旅游职业学校。

在学习期间，本人以对省厅负责、对学校负责、对自己负责的高度政治思想觉悟感和责任感，端正学习态度并树立良好的学习风气，全程认真专注地聆听了每一位专家教授的讲座，从更广阔的视野收获一些教育管理新理念和新思想。

学习感悟一：关于领导智慧与人生追求

首位讲课教授是中国财税博物馆馆长、原浙江省财政厅厅长、浙江大学特聘教授翁礼华，他在做《领导者的工作智慧和人生追求》讲座时从多角度告诉大家许多为官之道，其中谈道，每位当领导的人都要深思：领导既是科学也是艺术，更是智慧；领导的功夫在权力之外；经历是领导者的宝贵财富；领导要把好事做好，好话说好；领导要理性思考，但不能都用理性表达；领导要学会外圆内方的待人处事和内心修炼；领导要懂得增强记忆与表达能力，拉近人际距离；领导要善于发现别人优点，用人之所长，避人之所短。

一个人的情商和智商要表现适当，用到恰处，在学会提高"两商"的捷径中读书明理很重要。但同时读万卷书，不如行万里路；行万里路，不如阅人无数；阅人无数，不如高人指路；高人指路，不如自己领悟！

但凡办大事者，有识有才，以识为主，以才为辅，识才兼备。识为"学问、阅历、天赋"；才为"才能"，主要来自人生历练。

但凡成大事者，谋事在人（自身努力），成事在天（客观因素）。努力不一定成功，不努力一定不会成功。

话说：三流领导管下级，二流领导管同级，一流领导管上级，超一流领导管自己。领导是高风险行业，上等领导，有本事，没脾气；中等领导，有本事，也有点小脾气；下等领导，没本事，却乱发脾气。所以，当领导要当一流领导，要学会管好自己，用高尚的人文精神感召人。然后把工作做成作品，将幸福融入人生。领导不是强者，而是审慎者：要慎权、慎独、慎微、慎友。集中权力，就是集中风险。"肚（度）量"是领导自信力的标志。领导要从历史中发现现实，要从实践中验证历史，使自己从"有见识"到"有识见"。

学习感悟二：关于创新思维与决策

浙江大学教授祝怀新《创新思维与创新管理》讲座带来的认识，让我倍感赞许和认同。祝教授谈道，如今许多领导开口必言"创新"，似乎不讲创新就意味着保守落后，甚至主张以创新来实现工作的革命性变革，但究竟创新什么、怎样创新，却是很少考虑。就是嘴上常谈"创新，要创新"这样的词汇罢了，但事实上根本就是言行脱节的思维状态。

很多人对于新兴事物第一看不见，第二看不起，第三看不懂，第四来不及。

管理中阻碍创新的两种思维类型，一种是个人主义思维，人们羞于与同事合作和不愿意接受同事的批评，工作被当作一种孤立的事业进行。另一种是派别主义文化，同事间以地缘、学缘等为纽带，根据个人的好恶来形成群体或派别，只在派别内部进行合作与交流，派别之间相互隔离与排斥。

事实上，我们应当懂得，科学发展重在决策，事业的发展要靠创新；领导的创新不等于领导者的创新；领导创新是创造条件、创造环境、搭建平台、提供机会、拓展渠道，让更多的人去创新。

决策中的"策"讲的就是那些能够有思路、有主意、有办法，确实能够解决问题。策从性质上看就是认知和认识意义上的知识，知道的东西并不一定就能够做到，不一定能有果断、及时的决。决策中的"决"是下决心，要决的是心，而不仅仅是停留在嘴上的策。

有些领导喜欢简单地拍拍脑袋就做决策，然而现实中越是考虑得深、透，就会知道风险越大，承担的责任就大，失败的可能性越大，这也会造成容易犹豫不决。个人决策比集体决策容易，班子决策比民主决策容易。

已经形成的策怎么果断、及时地决？这是所谓决策的基本矛盾，或者说是谋和断的矛盾。决与策两个环节，重难点不在于策而在于决。谋是具有逻辑思维的专家性人物的事；没有专家的片面，就没有领导的全面；专家没有妥协精神，领导则是平衡各方利益而妥协出来的。因此，当领导，平衡能力的发挥很重要。

决策重在抓大事、用好人，选择做什么样的事，选择用什么样的人；不同的人有不同的优势，需要做不同的事；根据自身的特点来选择策略，选择做什么和如何做；选择了要做的事情，明确了做事的角度，则需要选择合适

的力度；有能力的人，一个顶多个，没有能力的人，再多也无用；领导力度过大，矛盾、对抗，陷于被动之中；力度不够，没有效果。同一件事，人选对了，用好了，事情就做成了，人选错了，或者没有人尽其才，事情就有可能做砸了。

本人在此学习中充分理解并认同这样的说法和论点，同时也将更加完善地运用到工作中，让工作做得更细致而全面。

学习感悟三：关于文化管理，提升学校的核心竞争力

现代管理就是要创造一种"共赢"的文化和谐局面。提高学生在校生活的质量，依据校长对教师的考核指标：针对学生的参与度、学生对学习的满意度，师生关系融洽度去开展相关工作。要能构建生态型学校文化，考量学校有效学习的三个指标：一是速度，学习时间（长度）投入的情况；二是收益，学习结果（收获）产生的情况；三是安全，学习体验（苦乐）体验。考察学校要有整体思维，教育教学能否让孩子有幸福快乐的体验。以生态学的理念进行学校管理，为学校管理理论与实践提供崭新的思路。使用"生态德育"的理念——"1234N"，即一种理念：以生为本（学生第一）；两大支撑：规范+校本；三方力量：学校+家庭+社区；四项校本：校园文化+人文评价+自主管理+喜鹊行动；N个载体：创设以"学生、活动、体验"为中心的多种途径，实施生态教育。

教育需要引领，不要迎合。教育要追求成长，而不仅仅是成绩。教师发展的关键推动力是课堂实践。学校文化是传承学校精神的DNA，优质的学校文化是提升学校核心竞争力的关键之一。

在学习中深切地认识到，工作中要注重如何更好提升"高效沟通协调艺术"能力。在聆听犹如说书般的全国高校百名"两课"优秀教师、浙江大学管理培训中心主讲教授黄步琪《高效沟通协调艺术》讲座时，有所触动，他结合实例生动形象地给我们讲述日常工作和教学中沟通中最关键的就是要懂得找到开锁的"钥匙"，期盼我们接下来在不断地学习和实践中都能找到会如何去获得更多解除困扰的金钥匙，把问题解决得更好更完美。

此次培训，课堂形式多样，全面而令人受益匪浅，浙大的校训是"求是　创新"，而本人在这所校园里度过了10天的学习时光，在认识上能通过学习获得更深层次的理念提升。在实地考察杭州市第二中学时，感触更是良多，一所好的学校，校长的态度和认识是非常关键的，恰当地引领也是非常重要的。叶翠微校长的《校长领导力的提升与实践》讲座和课堂的互动带给我们许多思索，教育改革的当今，我们要顺应形势的发展，更要懂得突破性地长远看待当今人才观的培养和方向等问题。相信海南教育的明天会更好，而本人也将在工作岗位上尽己所能地去努力实践，做好其中的一分子，为阳光海南教育添砖加瓦。

2014年10月20日

目光"对视"练习对自信训练是否妥当

——关于《做最好的自己》课堂训练活动探讨有感

2015年5月30日至31日，受省教研院抽调参与省教育教学能力考试的评委工作，工作评审面对的是学科参试老师的教案撰写和答辩环节。此次评审三位同仁共同参与。参试教师表现各有不同，从规范书写教案到认真条理地陈述和答辩都在考验着自身的专业技能和教育教学水平。而此次评审中有一个教学小环节引起了我们评审团与参试教师的一次过后探讨，目的是更好地沟通思想，完善课程的设计。借此将探讨的过程与大家分享，同时也希望更多同仁出谋划策，让主题课堂的设计更加完善和富有实效。

一堂《做最好的自己》教案撰写中，有位教师的课堂设计在活动环节用上了学生两两近距离相对，然后"目光对视1分钟"的训练。评审工作结束之后的交谈中，该老师说："课上用目光对视训练是为了增强学生的自信，是自信增强的一种练习，两人一组面对面站好，距离稍微近一点，保持目光的接触和交流1分钟，保持安静。"问她这个方法是否在课堂上实践过时，其回答说："在初中时用过，大部分班级实施效果良好，认真做好的学生还是很有感悟的，也有个别班级的个别学生就是为了好玩，感悟就少，那我就需要多一点引导。"问她是否有区别用在男生对男生、女生对女生，还是没有区别用时，其回答说："我是让他们自由组合，同位或者前后位，大部分会选择同性同学，也有很少的同位是异性同学一起做，初中同学，有些孩子很单纯，不多想的，但是很少。"

在这样的一个对话过后，我的回应是："理解你用这个环节，是为了让学生学会抬头互相自信地接触交谈，但是我感觉用在培养自信上不是太合适的，用在亲子或亲情沟通上估计会好一些。也许今后课堂上你换一种方式可能会更好些！比如说，设计几个互问话题，让学生两两自信微笑交谈，或上讲台演示，然后老师来帮助感受与人交谈自信的姿态是什么样的可能会好一些。训练自信的方式和方法有许多，总之用'对视'这个词和做法来表达并训练自信是否妥当需要思考。"该教师回应："你说的练习更全面一些，说起来这个练习是单一点了。"

在与这位教师交谈的同时，另一位和我一起参与评审的崔建华老师给我发来一个链接：和亲人对视3分钟，结果让你震惊。

而我给崔老师的回应是：这种目光对视我曾在参加两次培训课上有人用过，面对的是第一次接触的陌生成年人，特别是要求直视的是男同胞时，我参与这个活动对视不了很长时间，甚至是在活动中有些人我都根本不想直接看对方眼睛，因为我觉得不舒服。我觉得这个目光对视活动可以在亲情沟通中用。但放在培养自信方面用，我觉得不够妥当。让人学会抬头挺胸平视正视前方的自信训练有许多，我认为不应用对视。

崔老师回应我：这首先就是一种让人不舒服的活动方式，何谈活动实效呢？

参试的那位教师在看到这段对话后回应我："谢谢啊，我再深入学习学习，这个可能也要因人而异，我参与做的时候倒是没觉得不舒服。"

我和她说："我曾在高一的学生课堂上关于沟通的课堂设计时，有演示过不同的交谈方式，其中有一个环节让学生演示怎样才是最好的交谈方式，当演示到让两两孩子站在一起面对面近距离说话时，基本上学生都只觉得别扭而大多数说不下去，问学生是什么原因，学生都说太近的交谈，又面对面、眼对眼，感觉不太舒服。课堂是一个不断完善的过程，以大众为主，适合年龄和不同人员为主吧，因人而异，在尝试中更加完善才好！"

这段对话之后到6月9日的清晨，这位教师给我发来一条信息，内容如下：练习正视别人！一个人的眼神可以透露出许多有关他的信息。当别人不正视你的时候，你会问自己："他怎么了？他是怕我什么吗？"不敢正视别人通常意味着感到自卑，不如别人，或我做了或想到什么我不希望你知道的事，我怕一接触你的眼神，你就会看穿我。正视会告诉对方，我很诚实、光明正大，我的话是真的，你完全可以信任我。你要让你的眼睛为你工作，这不但使你增加自信，也能为你赢得信任。

在我收到这则信息的时候，我给予的回应如下：是的，你说的没错！正视练习有它的益处。学会抬头挺胸正视他人，与人交谈不单是自信的表现，还是尊重他人的表现。但"对视"，无声的对视环境中，就会有很多可能触碰的东西，它就不单纯停留在自信与否这个层面了。我是这样理解的。建议和意见是对每一个人的参考，接纳与不接纳在于你自己的判断和理解，生活中通过自己的亲身体验估计就会有许多感受。因此，不要纠结于此，有句话说得好："尽信书则不如无书"，我想说：有时候"尽信话则不如无话"！在一定的标准下，理解看个人。你觉得呢？

之后，这位教师回应则是：是的，感谢你的分享和交流，谢谢！

话音未落，我在网上就看到了相关的一部微电影《与亲人对视三分钟，你能坚持多久》。其中说：一对男女对视8秒钟，就会产生爱情。不论这种说法的真假，我相信眼神的直接接触会产生一些奇妙的化学反应。作为中国人，并不习惯于在交流的时候眼神产生直接的碰撞，很多人会觉得非常尴尬，急于回避。那对于陌生人或者普通关系的人是这样，对待自己的亲人会是怎么样一种反应呢？不论是母子、父女、兄弟、夫妻等，短片中13对亲人在镜头前开始了这样一场实验，看来他们从来没有这么久地凝视过自己至亲之人的脸，可能他们看到的慢慢变成了过往所一同经历的画面，也可能看到了即将面临的分别，眼泪自然流了出来。这就是最熟悉的人哪，他眼角有几道纹，脸上有几颗痣，头发有几缕白，可能一段时间不见，你是否看到了那些细微的变化。关于亲情，平日里越是至亲之人，越疏于表达和交流，而眼神的直接交流，更胜言语。在中国，任何一段类似的视频都会有人说"演得真好"。没关系，且不论其真假，回家跟爸爸妈妈兄弟姐妹试试，好好看看他们的眼睛，感受一下。

这则短片看后，给我的感受是，目光的直接接触用在亲情中可以沟通情感，发现彼此的过往与现在，可增进感情。用在陌生人中则是可以发挥想象空间了，至于是否舒服，真的是需要因人而异。而能否用在中学生的课堂上当作自信训练的一种方式，我认为"正视训练"是恰当的，而"对视训练"用词则有欠妥当。如何用词，恰当表述，好好用眼看人也是一门生活中需要学习的学问。

2015年6月10日

学以致用的课就是有效的课

—— 参加2015年10月心理学科赛课活动有感

"探索学习辅导之路，提升学习心理品质"是此次心理学科赛课的主题。2015年第四届海南省中小学心理健康教育学科课堂教学评比活动于10月27日至29日在儋州市举行，活动安排在海南东坡学校。全省义教组（小学和初中）和高中组共有26位老师参与赛课。活动由省教培院心理学科负责人符明老师邀请评委进行评审。每组共有5名评委，两组共10名。此次赛课活动和以往三届相比有很大的完善。首先，评比流程更为严谨、规范，从辅导设计教案的格式到评分标准，同时还为教师提供思考、阐明辅导设计理念增加了一项笔试环节，按笔试和上课的分值做最后的综合评分。

作为义教组评审团里一员，我参与了笔试测评的评分并完整地听评了13节课。13节义教组的课分别来自八个市县（直属农垦中学、海口、定安、三亚、文昌、乐东、琼海和万宁），涉及注意的有7节课，记忆的4节课，另有2节分别是思维和兴趣。参赛教师的每一堂课都用心设计和准备。根据这次主题，老师们利用40分钟，通过课堂教学的方式来对学生进行学习辅导。赛课中发现，老师们的教学都能较好地扣题，就注意谈注意，就记忆谈记忆。课堂中选手们都充分地展现出个人的教师素养和教学技巧，多数教师教态自然大方，声音甜美清新，课堂资源准备丰富有趣。一些老师设计的教学过程是科学而非常有效的。以下我就以评课中获得一等奖的一节课来说说自己的评课感受。

一、课堂设计科学有序，涉及多门学科记忆训练呈现简化有效

在评审中，令我感触较为深切的是何蕾老师的那一堂《让记忆"活

起来》的课。这节课，她通过九宫格的图片让学生识记热身，然后问学生用的是什么方法来记住图片，是否找到一些规律，进而小结出记忆是要讲方法的。如果能运用科学的记忆方法，人们就能从死记硬背的辛苦中解脱出来，从而希望初三的学生能开动脑筋，发挥想象力让记忆"活"起来。引入主题活动后，紧跟着就清晰地要求学生接下来的课堂以小组形式，通过对材料的讨论和观察来找到记忆的方法。找到记忆中的两项规律，首先是呈现艾宾浩斯的遗忘曲线图，让学生在观察中发现记忆的规律。规律一：艾宾浩斯遗忘规律及艾宾浩斯记忆法，总结出记忆需要"及时复习，不断重复"。规律二：把记忆对象形象化有助于记忆。讲解时要求学生细心观察，充分发挥想象，利用（谐音、相似、对比、串联、提纲等方法），赋予记忆内容一定的意义，让它形象生动起来，然后告诉学生，这种方法统称为"联想记忆法"。接着通过让学生在课堂中实际运用自己有效的记忆方法来进行识记训练。呈现的是"语文"内容、"化学"内容、"四书五经"名称内容和"物理"公式等。最后，还将政治、历史的内容延伸性地留成了思考作业。课堂上学生运用的方法多样，学生发言积极，涉及面广。何蕾老师在这一课堂环节中，让人感到非常舒服的还有她自然亲切的过渡和回应。

二、回应谦虚分享到位，充分展现并肯定学生的发散思维

义教组的何蕾老师轻柔淑雅的教育姿态和回应在课堂上表现得较为得体。她课堂设计的环节在我和符明老师共同听了上一节同样是讲授记忆内容的课后，内心对记忆训练过程感受到有需要更恰当回应的时候，而何蕾老师的这节课上竟然是非常顺畅自然地就展现出来了，喜欢她在课堂上的那句："同学们用的记忆方法都很好，甚至比老师的都要好，老师这里也把我用的一些方法和大家分享一下……"。课堂中面对学生，没有表现那种老师的办法就是绝对的表达，一个知识点的记忆不是只能用一种方法来识记的硬性要求，而是充分肯定学生的识记态度和有效做法，调动学生的发散思维。同时，在她所展现的方法中能把多门学科学习中较难的知识用通俗、简易、有趣的表述来体现所谓的"谐音、音乐、串联记忆法"。这让课堂上的学生能感受并体验到记忆知识的轻松和快捷，呈现出课堂知识习得的有效性。

三、学以致用，教育机制的展现巧妙自然

这节课给初三的学生来上，为的是让学生能充分地提升自己的记忆能力，因为有资料记载成功者的人，96%的人记忆力都非常好。也许这种说法较为绝对，但记忆力确实是当今我们衡量一个人智力高低的重要因素之一。因为就知识而言，记忆能唤醒我们身上巨大的潜能和力量。何蕾老师这节课上到最后，离下课还有三五分钟的时间，本来她也可以当作课堂留白，给学生安静地去思考布置下作业。但是机智的她此时充分地展现了现学现用的教育智慧，因为记忆的规律第一条就说到，对知识要"及时复习"才有效果。而就这堂课而言，也是需要在了解遗忘曲线规律后要好好地记住今天所讲的有关记忆的好办法，日后才能快速地运用到各方面。她用了一首打油诗"及时重复长久记，形象联想高效忆。谐音串联音乐起，祝君早日金榜题"的串联方法，帮助学生识记这节课内容。希望学生能用心去学习，学会学习，早日成为学习的主人。学以致用的课堂，表现完整而贴切，感觉上是顺畅而有效的一堂富含心理味的记忆学习课。

教学中无论面对什么课题，紧扣主题，充分考虑学生的年龄段和当下所需所想，着重发展学生的学习能力，改善学习方法，有效地去实施教学，正是我们在不断追寻的方向。

2015年11月3日

博取精修，乐研善导

——参加2016年春季省级心理教研会有感

"博取精修，乐研善导"，今年春季的学科教研会上，符明老师报告PPT上呈现着这句话。对于学习研究来说，这八个字让我感到非常明确而到位。2016年4月1日，在海南省教育培训院101教室召开了全省心理健康教育学科工作专题研讨会，参加会议的人员按名额分配，均为省内各市县相关教研员和学科专业教师，会议共分四部分展开。

一、领导讲话温暖亲切，指导方向明确具体

上午，海南省教培院陈力院长到会并在会议现场给予指导性讲话。首先，陈院长对从事心理健康教育的老师们表达了一份敬意，自身感受与心理老师在一起内心拥有一份平和与愉悦。心理教育是学校教育非常重要的一项组成部分，在当前背景下发展比较艰难，但是学科教师们依然还能坚守着岗位和自己的一份理想信念，这是非常值得感谢与尊敬的。

其次，陈院长提出一份期待，陈院长谈到心理素质是人们最核心的一种素质，心理学科要形成、维护和促进学生的心理健康，为学生有个性的发展提供良好的帮助，在当前的大背景下要做的事情很多。这些年心育工作促进德育工作方面取得一定成效，但是心理健康教育不仅仅是促进德育一方面，那样会显得比较狭隘，心理健康教育同时也要辅助学科教学，服务学生学习，服务学生的人生生涯规划，这是一项非常重要的任务。

此次学科研讨选题重在学习动机的激发，选题很好，与学生的主要任务学习关联起来，能服务学生，同时还是可以成为提升心理专业影响的一个主题。当各位教师教育学生的状态和责任心都调整好了，如何才能更好地去激

发自我的学习动机呢？陈院长说，心理学科教师当下正处于一个非常关键的时期，这是一项非常关键的工作。相信通过努力的展现与研讨，学科价值会更加获得社会的认可。

符明老师在小结陈院长的讲话中说到，陈院长的话是那么温暖亲切，指导并鼓舞着大家。陈院长提出的三点确实是学科今后工作努力的方向。首先是心理健康教育工作怎样与德育相融合，其次是怎样与教学相关联，服务学生学习和学校的工作，最后是将来如何为学生生涯做规划指导，发挥自己学科的作用。心理工作的存在是为了辅助学生成长为最好的自己，我们要在默默和不容易的工作中激励自己。

因而我想，大家就一起努力"博取精修，乐研善导"，去为这项事业做点事吧。

二、教研工作报告主题鲜明突出，重点分层面布置

研讨会第二部分由符明老师做工作报告，符明老师首先回顾2015年的工作并对2016年的工作做了布置。2015年是以学习心理辅导与训练为主题展开了系列活动，各种选题从注意力、记忆力、思维力、学习动机、兴趣、合理归因等方面进行了教学研讨。符明老师谈到，"课"是研究的载体，比重展示更重要的是重"研究"，孩子们为什么而学？如何激发？关于学生积极的学习辅导和消极的学习心理辅导应注重哪些方面？能否在义务教育教阶段将动机激发问题做好，到了高中阶段则来解决自我调控和学习策略的问题，从小学到高中对心理课进行一个系统的安排。学生的学习动机如何激发与维持？学生平时需要学习，心理教师的作用体现在哪里？是学生成绩不好出现消极的心理时才需要？当前教育不再多提"素质教育"而提出了"核心素养"，因为"核心素养"不是特殊的，是大家都共有的，学生发展"核心素养"才是深化课程改革的重点。

将工作落到实处，要常态化地自然融入。要规范化有步骤、有平台、可评价的，要专业化体现学科素养。心理要服务于教育教学和课程建设在学校中的作用，要在不同学科中汇入心理元素。关于2016年工作重点，符明老师谈到，善始者事半成，继续围绕学习心理辅导与训练开展工作，促进教师个人成长。

（1）省级层面——重视课题研究。当下到一些市县学校了解领导和老师

关于学校教学情况，差不多的表达都是"学生基础太差，不爱学习，家长不配合"，到底怎么差？怎么不爱学？怎么不配合？应当如何将这一件事描述得更清楚些。

（2）省级层面——论文评比。今年论文主题的"关于学习动机的激发方法及案例"。

（3）省级层面——线下线上读书会。选书原则要有利于专业成长，有利于工作开展，把握心理科学发展的动向。自由参与，同读一本书，书籍可自备。上半年阅读由海南出版社出版，朱光骊、符明合著的《中美青少年心理健康教育理论和实践体系比较研究》一书。（参会的人员都获得了符明老师此书赠送）。下半年阅读上海教育出版社出版，林孟平主编的《小组辅导与心理治疗》一书。每学期安排一次线下读书会和线上网络分享的读书会活动。

（4）市县级层面——收集学校特色心理健康教育工作模式，统计各市县心理教师配备情况，寻找学科的位置，让广大教师充分体会职业幸福感。

三、学科课程设计指导清晰，理论与实践结合到位

研讨会第三部分由省国兴中学崔建华老师具体指导关于"如何撰写心理健康活课的课堂教学设计"这一内容。崔老师从教案与教学设计的区别、课堂教学设计的组成两个方面，结合心理学科教师近些年参与教育教学能力考核存在的问题给老师们提出了以下思考。

首先从三个角度说明教案与教学设计存在着概念不同，对应层次不同和出发点不同。其次，课堂教学设计组成要注意五个方面：①明确活动对象——服务学生（核心）；②设定活动目标——目标明确（方向）；③做好活动准备——准备充分（保证）；④设计活动过程——构思巧妙（翅膀）；⑤重视活动评价——及时反思（需求）。

教师撰写教学设计时确立活动理念，立意新颖是课的灵魂，设定目标时要让学生了解和理解的是什么，学会与尝试的是什么，能体验与感悟的又是什么要清楚。活动设计过程中的环节，内容和意图可以通过表格呈现。活动设计时应注意的问题有五个：①围绕活动目标设计活动内容；②贴近学生实际选择活动内容；③各环节设计有层次感，逻辑性活动数量不宜过多；④最大限度地保证学生参与；⑤把握活动主次分明的节奏。主题中分主次活动，

时间要交给学生，无须预设和生成太多。关于如何评价一份高质量的教学设计，崔老师十分重视理念确立，关键在于目标设定，非常讲究互动设计，时时关注学生主体。建议老师们心怀"诚"字，立足"精"字，倡导"新"字，追求"好"字，相信一定能磨砺自我上好一堂有质量的课。

设计并上好一堂课，凝聚课堂写好一份反思及论文，读一本书感悟书中精华，深入问题善于进行课题研究，相信这是一位教师个人专业成长需要重视的几个方面。

四、凝聚智慧集思广益，收获更多美丽的音符

下午，研讨会第四部分是分组研讨的环节，参会成员分为七个组，心理特级教师李惠君用"心理健康最幸福"这句话让组中代表抽签热身，然后各小组确定队名并展示手势口号。七个队名分别是："心心相印""理心家园""健心小组""常康团队""最美音符""幸福5+3""福在心中"，紧接着分配四个问题到各小组进行互动探讨。

问题一：所属学校学生学习动力不足的因素有哪些？

问题二：您认为学习动力不足的学生身上有哪些闪光点？

问题三：分享利用这些闪光点因势利导激发和维持学习动机的成功个案？每组择一例在大组汇报。

问题四：激发学生的学习动机的途径有哪些？

每组一张大白纸，各小组将自己的智慧汇集写在上面，然后小组选代表上前台进行解读，有的小组用图画故事说明，有的小组用案例呈现，有的小组用小结性词句表达……因为时间的关系，这几个问题的探究只进行了部分小组分享，没有做全体总结性汇总。其间，省心理健康中心组成员之一林翅老师说："人天生是爱学习的，到底是什么阻碍了学习？每个人怎样去建立一个自我，如何更自信自尊地去建立起自我很关键！"

有句话说得好：兴趣是最好的老师。个人认为影响一个人学习的动机有多种原因。首先，兴趣一定是激发学习的永动机。其次，每个人身上肯定有自我的闪光点，如何有效发现及发挥，需要教育者用包容的眼光去引导关怀与关注。而如何维持学习动力常在，这好比培育花草，需要阳光雨露，需要意志力，需要内心拥有"爱"，安慰与鼓励，一切能让孩子"动"起来的好方法都值得收集与研究。

　　我们期待，教育者用不一般的态度和眼光去面对不同的孩子，避免"马太效应"的消极影响，鼓励每个学生都能认清"真的我"，这样一来，教育者才能让"每一片树叶都苍绿"！

2016年4月6日

读书共研，倾听心育花开

——参加省教研组赴定安中学开展读书分享会有感

2016年5月24日清晨，第二次走进定安中学，此次是参与全省心理学科组首次集中研讨共读一本书活动，今天要在此地探索比较中美不同的辅导理念，思考中国心育发展之路，金字塔新模式的推行与内部建设，这是一件非常需要教育者全员参与及细化投入的事情。学校心育探索中的我们能做些什么，可以做哪些事情，这需要大家的智慧与思考，认同、努力与实践。

《中美青少年心理健康教育理论和实践体系比较研究》这本书，我是在2015年8月暑假期间省图书馆的新书架上首次遇见，当时毫不犹豫地就借了下来。因为作者符明老师是相识多年的引领者，这些年她一直推动并带领着我们省里中小学心理学科在研讨中不断地前行进步着。不经意间发现她已经将自己多年的专业研究理念汇聚成了书籍出版，内心为她感到欣喜。之后，符明老师赠送了一本给我，半年多的时间里翻读此书有三四遍，因为这是一本需要细细研读，具有指导和引领意义的书，同时也是一本值得珍藏的书，其间要领不是能一口气读完并能马上理解透彻的。这本书共有六部分内容，其间有引领性的要点有许多，如能具体而全面地实施，将会对一所学校产生非常大的影响和促进作用。同时，这也是一本如果学校领导阅读思考认同就更有益于推动学校内部建设发展的书籍。

心理学科组此次是第一回举行线下集中研讨读书会的活动，到会参与人数有上百人。但有些遗憾的是，事先拥有书籍并阅读，到场分享观点的人不多。原因是学科研讨活动中每次参与会议的人员流动性较大，间接影响深度探讨。但从参与人数与覆盖面可发现，不同市县和一些学校对心理学科的重视度在提升，这是个非常好的现象。惠君老师在会上用"最美定安中学，倾听心育花开"一句话分组，将大家形成12个小团队，将读书阅读的共同探讨活动变得更加深入而具体，互助互研的状态也就由此呈现。我在"倾"字组，与工作室成员潘玲一道组织小团队里8位老师进行开展研讨。团队成员中有小学老师、中职老师和中学教师。大家探讨的所有问题归结成这样一段话："一个孩子的成长需要整个村庄的努力，金字塔模式的实施要从心理行为入手，然后再深入学业行为并举。顶尖存在需要干预的孩子需要资源共享，互助机制来达到培养和促进共同成长的良好局面。"

从遇见这本书、阅读这本书到分享这本书，对我而言已经有九个月的时间，翻阅与细读，记录与思考，推行与实践，内心期待着领导们的共识与认同。当下，提出建议，尽己所能，力所能及地去实施自我可运行的步骤就是个人读书所得。

上午读书会结束，下午海南中学和安定中学的两位心理老师还分别就高一年级生涯规划的主题实施了同课异构的课堂教学。同时，定安中学此次也向全省各校到场的老师们展示了今年525活动的开展与组织。此行活动内容丰富，开展得有声有色，定安中学的司家栋校长对教育心理理念的认同与研究较好地促进了学校心育学科的发展，定安中学心育花开正当时。

而我校，"525"活动开展已有六年，国旗下专题讲话、主题知识小报宣传、电影展播、主题班会开展、广播宣传、社团小活动、考前辅导等，我们也都尽心在为心育之花贡献自己的力量！

2016年6月1日

生命之花，生涯规划令人生更加美好

——参加2016年9月新高考背景下生涯规划教育研讨会有感

2016年9月27日，海南省教培院组织的关于新高考背景下的生涯规划研讨会，符明老师邀请北京师范大学中国基础教育质量监测协同创新中心学术委员会主任，教授、博士生导师，教育部基础教育质量监测中心核心专家，教育部中小学心理健康教育专家指导委员会委员边玉芳教授到会做专题讲座。邀请省心理特级教师李惠君老师做相关的课题分享，邀请海中陈玲老师做学校实践经验介绍，同时让海口实验中学韩佩良、国兴中学的骆思思两位老师在海南华侨中学第一报告厅上了两节关于生涯规划的心理研究课。这是一次具体、深入、透彻且起着抛砖引玉作用的省级研讨会，参会的人员来自全省各校。

一、高中生涯规划课在海南各校有待研讨和普及

此次研讨会，上午展示了海口实验中学的韩佩良老师和国兴中学的骆思思老师的生涯规划研究课。两节课各有特色，课堂设计新颖，教学落脚点有创意而深入。课的模式有所不同，可以引发大家的思考和探索。海南师范大学附属中学的特级教师李慧君和海南中学的心理教师陈玲老师做了生涯规划课的先进经验分享，这两所学校关于生涯规划探讨起步较早，课程设计比较系统。下午则是边玉芳教授给大家带来的一场专题报告。关于生涯规划，除了海口地区的一些学校，市县的学校在生涯规划这方面基本上没有开课或者是较少涉及。我们学校生涯规划课也还没有正式开展，这些年仅在心理课堂中有涉及一些关于生涯规划的教学内容，相信在我校系统实践并开展生涯规划课是可以实行的。

二、高中生涯规划课内容设计与形式探索

生涯不仅仅是一种职业选择，生涯需要个体对自我的生命历程，边玉芳教授在报告中讲道："生是生命的存在，涯是生命的边界，生涯规划就是要通过认识自我，让自己的人生变得比自己想象的还要更加美丽的过程。"人生的每个阶段我们如果都能做好规划，了解自己应该做些什么，面对高中生，生涯规划更为侧重的就是学业规划，具体说高中生的生涯规划就是要让学生明确：我是谁？我想干什么？我能做什么？环境条件允许我怎么做？现在每一个阶段应当怎么做？

生涯规划需要因人而异，需要根据实际情况来对自我做出分析，高中学生需要深入地认识自我，认识自我的价值观和自我的兴趣爱好，了解自己的理想和志向、能力和自身条件，最后对能突出发展自我特长的专业做出选择。关于课程的设计，可以通过问卷调查了解学生的兴趣倾向、能力倾向，然后根据学生的自我选择，帮助学生进行规划，循序渐进地引导学生朝向自我的目标和方向去努力。让学生学会珍惜时间，接受训练，逐步成长。生涯规划是一个过程，需要学生在行动中一点点表现出自我的提升过程。

生涯规划课是新高考背景下引发的一门新兴课程，而以什么样的形式实施课堂教学，当下许多学校都在探索中。如心理课与班会课相融合，心理教师与班主任及学科教师相配合，延伸性地渗透在班级中，以帮助学生实施和落实生涯规划。然而，开课的形式则需要学校在课时安排中有所侧重，合理地分配课时。高中阶段是人的智力发展最佳的时期，合理的规划会让学生

的学习具有方向感，学习也不会出现盲目现象，相信这是有利于学生发展的一门课程，如果老师和家长也能在教育中通力合作，通过多种渠道帮助学生了解和分析自我的兴趣和能力状况，明确高中阶段的学习目标，自己学会选择，做好生涯规划，相信学生的人生一定会更加美好和精彩。

2016年9月29日

提升心育素养，探索小组融入之道

——参加2017年春季心理教研会心得体会

2017年3月6日，全省心理教研工作会在腾鹏大酒店召开。自2010年以来，心理学科组在省里的凝聚下正在向前发展。此次会议由符明老师主持，邀请杭州师范大学黄丽教授到会就小组辅导的内容做了专题讲座。其间，黄教授特别告知心育工作者，工作中要学要做还要讲，在学、做、讲中不断地提升自我的素养和专业能力。上午的会议中，符明老师总结了2016年的工作，部署了2017年的工作要点是要探索以"小组咨询"为抓手的融入之道。参会人员分为教研组、义教组和高中组来进行小组研讨，我受托负责主持高中组的研讨。到会参与高中组的教师来自14个市县和5个直属校共32名。各位教师就2016年的工作进行了小结，同时分享2017年的工作思考，畅谈自己在校的工作状况与心境。各市县呈现信息归纳如下。

一、高中心理健康教育发展中的可喜局面

（1）多数市县的中学心理健康教育工作从无到有，无论是设备还是师资都有了零的突破，配备专职或兼职教师1或2名。在各年级开设课程，用不同形式实施讲座、选修课等，设立咨询室、成立心理社团、组织"525"活动、编排心理剧、组建读书会、创设校本课等均结合本校实际在逐步发展和完善中。各校在尽力规范教学设计，完善心育体系。因为这些年有了省里的凝聚，心理老师们在学校里坚持不懈、持之以恒去从事这项工作。

（2）部分市县的一些非心理专业的学科和班主任教师有较好的学习和钻研意识，自行参与咨询师的学习并考取了国家三级咨询师的合格证。如文昌中学、东方中学、琼中中学的学科教师，在学校缺少心育教师的情况下，她

们也能相应给予兼职或协助开展心育工作。

（3）各市县的中学心理健康教育，侧重于应考辅导、生涯规划辅导、学生社团组织、课题推进心育，教师们期待能获得更多这方面的指导与学习，深入学习小组辅导的具体运用。

二、高中心理健康教育工作开展存在的困难与思考

（1）部分市县心育发展的政策支持有待增强，有些校园有专业教师但是没能发挥专业特长，转向了其他学科教学。领导层重视程度不够，心育教育变得可有可无，学校似乎只需要那些能激励学生提升学习成绩的激励师。有些学校起步艰难，知道心育工作不可或缺，但是没有师资，非专业教师在兼做此项工作，没有方向感。甚至有些学校心育工作开展被认为会影响耽误其他教学时间，难以落实和规范。表达呈现困难度较大的市县主要有陵水、琼中、屯昌、东方、澄迈等，有些学校遇到的是心育工作开展持续时间和参与人数的困难，无法调动人员开展系列工作的问题。

（2）各校工作在走向更完善和规范的路上，虽然品牌特色活动尚未形成，但是许多学校的工作已经有了百花齐放的一些闪亮点。各校2017年心育工作会将"525"活动开展和生涯规划教育列入侧重点。除此之外，海南侨中在持续开展8个模块4个1的社团活动及读书会活动，农垦中学构想心理剧尝试拍微电影，灵山中学结合课题研究深入开展心育工作，五指山中学策划绘画心理活动，农垦实中实施的沙盘校本课等。以上各种活动形式都在摸索和尝试将心育工作通过小组辅导或咨询的方式，更好地融入心育素养和理念的过程中。

2017年3月7日

卓越之旅，银杏叶儿美的快乐遇见

——参加省骨干及学科带头人赴西安培训有感

2017年11月20日清晨，台风"鸿雁"影响省城，带来雨茫茫的景象，而今日我要搭乘东航的航班到达十三朝古都西安市，能获得并接受一次提升学习的机会而倍感珍惜。同时，当下是此生首次飞往西安这座城市，也是首次搭乘东航的航班在蓝天上飞翔。空中的天很晴朗，蓝天白云在脚下呈现。有丝遗憾的是，空中飞行时分我的邻座是空的，虽然略显舒适和宽敞，但内心同时也在想，此座之人是临时放弃还是改签了？近三个小时的空中飞行时间我在阅读和打盹中度过，飞机准点起飞，按时到达。初次到达遇见的咸阳机场，呈现的午后景象倒也暖心，能见到蓝天白云还有阳光，一位接机的西安人张老师说："真难得啊，前几天还都是降着温，雾茫茫的天。"我说："看来是我们把海南的阳光带来了！"当然，也可以理解为西安欢迎我们的到来吧！

一、卓越之旅，学习前的感受与体会

感受西安，在飞行还未降落前，从机舱窗内往外望去，映入眼帘的是脚下的崇山峻岭，后来得知那是秦岭地貌。平时常见明信片上的巍峨山峰景象，这天是映入眼帘了，感叹！下了飞机，此次同步参训的同学们对我来说都不太熟悉，二十几人集合完毕，一同乘车去往西安市内，近一个小时的车程，在车上听到的一些人和事让我心情有所起伏，有些许无语。但是随之而来的体会还是相对温暖的。接机同行的两位老师看我拎着大箱小袋，很亲切地问候并帮着搭了把手。"人在异乡为异客"，有人帮助和问候真心感到冬天里的暖意，感谢！入住的西安宾馆大厅格局好大气，一室两人合居。和一位初识之人同住一屋，需要一个适应过程，与我合居的是一位亲切的军嫂韩老师。

西安的第一顿晚餐由组织者安排在酒店旁的一家小餐馆。与我同桌就餐的是省内卓越小学校长的团队，其中就有曾和我同期参加本科培训学习，现在已是卓越小学校长的邢校长的身影，十七八年后的遇见又是参训同期同学，这情形也真是难得的一种人生境遇。晚餐后几位老师一起漫步西安市的街道。在室内有暖气供应，而到了户外则是冷风习习，走一走体会内外的极大反差温度后回到酒店大厅。有人在弹奏钢琴，大厅很宽敞，感觉挺好，喜欢这种环境和感受，独坐倾听感受一会儿。小吴老师回到酒店见我独自一人坐着，也陪着我在大厅坐了一小会儿。初遇西安的第一天，就这样度过了。

二、卓越之旅，传统文化之美的学习历程

西安银杏树上叶儿变黄了，叶儿落下飘散在地给冬天一份美的装扮。来到西安是为了参与学习，五天时间，往返两天，三天学习，我们学习教育科研、中华优秀传统文化、校园管理理念等。此次学习安排相对而言感觉比较贴心而充实。首先，此次参训不是那种填鸭式的知识灌输和起早摸黑的紧张学习，而是充分体现了以人为本的教与学的姿态。研修网将学习场所安排在酒店会议室，邀请专家到此，无须大家急匆匆奔走或赶车，让大家的学习显得较为从容。其次，有休息，有交流，还有实地考察进行学习。在高新一中遇见一位非常敬业而有教育情怀的贺校长，他的学校非常注重学生特点，温馨整洁的校内图书馆让人乐意驻足停留。此次学习期间，完成了班委交代制作的一篇学习美文，美文内容被研修网的班主任给宣传了出去，这使我颇为开怀。同时，学习结束那天恰巧是感恩节，下午我尽心主持了课后小结并做了讲话，获得同行的点赞。真心感谢此行的这份遇见和美好。

从历史常识中汲取智慧，从历史常识中感受陕西西安的文化与学术。这三天里，来自西安部分院校的几位博士、教授（周接夏、徐赐成、辛军峰、陈红）带来的课程让我们体会着此城此地教育科研的领先，文化底蕴的厚重，感悟着它在历史长河中呈现的博大精深。探索学习，我们永远在路上。

三、卓越之旅，亲临感受西安的文明与历史

西安古城墙、钟楼、回民街、大雁塔音乐喷泉、兵马俑博物馆、长恨歌演出等，这里有许多值得行走实地参观学习的场所，三天时间要边学习边感知西安这座城，时间不够也来不及，只能是学习之余三两结伴傍晚简单地行走片刻。第二天傍晚遇见坐落在街道中心的宏伟壮观的钟楼，每天守护观望着从它身边经过的车水马龙的民众。来到热闹非凡的回民街，游客们为了品尝不管是老马家还是老李家、老陈家的肉夹馍，排列的队伍已是好长好长。小米粥、烤肉串、肉夹馍、红石榴、水晶柿子等，这是我在西安能接受而觉得是美味的当地食品。同行三人边看边走边吃一点，有趣的是同行的小吴老师吃了肉夹馍想要喝杯水，店家拿出一个硕大焦糖色的东西要装上水，远远一看不知是什么，了解再三近看才得知只是纸制的口杯而已，一下子把人笑得不行。这也许就是当地不同于其他市县的一种文化和特色吧。

第三天傍晚来到大雁塔，为了体验感受一下网络里介绍的亚洲有名的西安音乐喷泉，我们提前半个小时到达广场。天好冷，不知道是我们所站的位置不是最佳观赏点还是怎么了，这有名的音乐喷泉一直到结束，都没有达到我内心想象的那份期待。借用小吴老师的一句话："举了半天手机想记录下经典美丽的喷泉景致，然而是几分遗憾地放下了手机，没有按下快门……"音响音质不佳，色彩灯光效果没有变换，此次观赏此喷泉，实在是没能让心灵有所舒畅和触动。反而是在喷泉结束时遇见大雁塔的灯光在水池波纹里的宁静倒影显得有几分明亮和温暖。户外温度好低，肯定在五度以下。陪伴我们一道观赏喷泉的小吴老师终于感受到寒意了。而我和韩老师早已是帽子、围巾全副武装了。

西安之行，最让我震撼的还是抽空到秦始皇帝陵博物院参观兵马俑雕塑的心境。千人千面不同的雕塑姿态，实地场面之庞大壮观，每尊雕塑形态之细腻传神，当年工匠师手艺的精湛实在是不得不令人佩服。无论是将军还是士兵，战马还是战车，都雕刻得无与伦比。我个人一份深切的体会是，端详每尊雕塑时，你不会感觉到恐怖的战事硝烟，反而有份宁静祥和的心情。难道是那天我的内心欢喜而宁静的缘由吗？也许我应当感谢陪伴者给予的这份冬天里的宁静感！为了纪念此行，那日的我还选购了一颗水滴芙蓉玉和一尊将军雕塑像。"不想当将军的士兵不是好士兵"，这是一句激励人上进的语

言，事实上大家都应当明白一个道理，世间的人所处的位置不同，仅是因为分工不同，大家合作生活而已，任何人都不要太自傲也不要太卑微，人人都可以是自己的将军，但是世间不能人人都成为社会上的将军，如果都是，那就不会有将军这种身份存在，而人人都是士兵，那又不能统一思想，所以，社会上的将军毕竟只是少数。我们只需努力做好自己就是。

因为是下半年，天冷了，经典的《长恨歌》演出停演。而西安市内唐乐宫的器乐真人节目演出《大唐女皇》据说也是经典的演出，就在我们参训酒店不到两百米的场所，于是第四个晚上我和惠萍老师去观赏了这场表现"武则天"故事的演出。那位器乐指挥的陶醉姿态给我留下了良好的印象，这个演艺场地不算太大，但因为坐的座位较远，我除了感受到现场灯光变换和大唐服饰之美以及一位吹竖笛技艺人员的特色表演外，内心触动感不太强烈，也许是自己的观赏侧重点有所需求吧。就这样，五天四晚时间安排得满满当当，没有浪费，内心也感到此行挺美好而知足的，有知识的收获，有参观的收获，有友情的陪伴，是一段非常美好的回忆。

四、卓越之旅，返程遇见的也是一份愉悦和美好

11月24日清晨，整理行李返程，此次海航的客机依然是准时准点地到达美兰机场。返程的空中之行是愉悦的，因为身边同行者的缘故吧，想起这一次旅行，不得不提起的是在西安咸阳机场过安检返程时的一份体验，我的身份证和人被安检人员瞧了好久才被放行，因为十年前的我和现在的我实在是有了区别，什么区别就不具体表述了。另外，还体验了首次被要求脱鞋检查脚底的情形，想起那一幕现在都忍不住地想要笑起来。当时，同行的老师已经过了安检，可不一会儿，我突然发现安检人员拿了一双鞋子从我跟前走过，我好纳闷地想这不是同行老师的鞋子吗？转头看时发现那位老师正坐在一边被人要求脱鞋检查，那神情是种无奈又不得不做的状态。我笑了起来，没想到的是就在我要走过安检门时，也被同样要求脱鞋接受检查，太好笑了，真的，我当场大笑起来，因为这是我首次的经历和体验，同时发现身边的安检人员也被我感染了，她们也笑了起来。同行老师说："幸好昨晚我换了双新袜子……"真没想到返程之时还有这一场严格又开怀一刻的体验。

离开西安，在空中飞翔的时分，首先感受到的还是那映入眼帘的山脉。手机关机，没想到同行靠窗边座位陪伴者好聪明，有准备地拍下了云层中透

见的山脉和云朵。飞机到达后我特别要求其分享于我，一路陪伴，一路同行，这可是值得珍惜的一份对西安古都共同的见证和记忆啊，多么美好而令人感动的时分。有些时候，真的是此时无声胜有声的心情。就让彼此生活里多一分愉悦与美好吧，相信自己，相信未来！

返程回校工作一项项忙碌了好一阵子，才有空将西安之行的体会用文字记录下来，这几天学校刚举办完第二十届运动会和第十五届艺术节，喜悦的是西安之行拍摄下的那张大雁塔灯光水波倒影的相片被学校展出了。同时，还发现学校展出的相片中有两张是我27年前，中师学生时代宿舍和班级参加军训及接受语言知识学习的老相片，惊讶而惊叹的心情油然而生，时光飞逝啊！沉淀下来的世间人、事、物时常还能感动自己，这是一段多么丰富而值得珍惜的人生旅程。2017年12月15日，再过半个月的时间，就要迎接2018新的一年了，愿大家来年更加美丽而安好，祝福永远！

　　回顾这学期开学到现在，看看日历，一下子就到年末了，日子过得挺快，这几个月都做了些什么呢？有一些不尽如人意的体验，也有满心欢喜的感动。首先，第三次申报主持一项省级课题，10月很荣幸地获得了立项并开题，同时也被符明老师邀请参与她主持的一项课题研究。其次，被邀请参与省第五届的学科赛课小学组评委工作，值得欣慰的是两个徒弟在此次参赛中分别取得了初中组和高中组的冠军，作为导师真心为她们高兴。再者，组织主持并辅助高中各位班主任落实开展生涯规划教育班会课，启动了初中相关工作的研讨，落实各年级团辅课沙盘校本课等。期待和祈祷来年有更大的发展和进步。我会尽一分心力去做好自己，也期待生活会让每一位真诚善良的人能有更多美好的遇见！

2017年12月15日

03

送教培训心得汇编

相逢是首歌

——2013年秋季开学第一课心理教学体会

2013年9月3日晚，我的开学第一课。原定9月1日晚进行的开学第一课又一次因外场下雨的原因，场地不适而改期，但那晚恰好可以共同观看全国的开学第一课。今年面对新生年级的开学第一课与往年有所不同，学校领导在研读了省厅2012年的文件精神后决定改进和完善心理健康教育管理工作，暂且不去探讨领导们领悟文件从何角度，而这一改就改出了当下我们要面对的一种新体验和感受，首先学校把开学心理第一讲安排成大讲座，全年级600多人一起参加，各班班主任全程参与并聆听，如果说过往的校园心理课和我自身的探索研究及进取有极大的关系，而当下的校园心理教育更多地加入些许管理和期待的味道，会在不同年级去尝试并体现一些有针对性的课题。我在想，只要是领导们能重视并知道心态决定一切，懂得心态调适对学习和管理有着不可忽视的作用，拥有好的心态对促进学习和生活，促进人们幸福生活挺关键就好。我衷心希望自己和同仁、孩子们都能快乐而幸福地过好每一天。校园心育领导小组今年给我开学第一课定下的主题为"建立和谐的校园人际关系"，期待是能帮助新入学的高中学生尽快适应新环境和新的校园生活，为今后的学习和生活奠定良好的基础。

准备说些什么呢，我的开学第一课！

相逢是首歌吧，新学期新起点，对于新入学的孩子们来说，能聚到一起正如歌的歌词："眼睛是春天的海，青春是绿色的河"，在美丽的南圣河畔，三年同行有你有我……我的课堂有一首歌、一句阳光心语：互识不易，有朋友同行，是一种安全，有朋友声援是一种力量，有朋友忠告是一种激励！学会倾听，学会沟通，建立信任，团队合作之后开始了……

　　人际关系是一门大学问，是一个大课题，这第一讲还是有针对性地先讲讲如何处理同学间和师生间的关系，期待学生们了解基本的礼仪和恰当的交流方式，通过短视频的观赏让学生体会如何通过沟通来建立团队，建立良好关系，体现团队精神。紧接着通过校园生活中的一些小事例和几则寓言小故事，让学生了解基本的原则和方法。这一课虽是外场的大讲座，但我还是结合团体辅导的一些活动，用上了小游戏大风吹，吹出不同行为上的礼仪表现，现场让学生用恰当交谈说话的方式表现，讲述哲理寓言小故事《钥匙》《沙子与石子》等。最后讲座将结束时播放歌曲《相亲相爱一家人》，让学生们随着歌声起立，走向同学，走向在场的老师，去打招呼，去问候，去说一句："日后请多多关照！"

　　一个小时的讲座结束了，自我感觉这么做基本上完成了这堂课的中心主旨，达到让学生明白校园人际交往中最应重视的一般言行表现。在互动思考中，设计的问题有：当遇到学习难题时，遇到同学相处不愉快时，遇到老师批评时应当如何去调适和面对这几个方面。同学们都能知道要主动求知、主动沟通，排除困扰才是解决问题的关键。有位学生在回答关于受到老师批评时说得真切，他说："当受到老师批评时，内心会觉得委曲，但是同时也知道，老师就像父母……"这位学生下面的话没有再说下去，但感觉到他内心有了一丝触动，我让他回位坐下了，也许刚刚结束的严格军训生活让他此时想家了，也许曾经在他的内心曾体会到如父母一样的师爱，不管什么情况，他明白并理解老师的批评通常是为了他们好。

　　然而，反省为人师的我们，有句话是这样说的："会说话的人一句话会说得让人笑，不会说话的人一句话会说得让人跳"，有些人说话常让人暴跳如雷，有些人说话会让人垂头丧气，而有些人说话常能让人心情舒畅、喜笑颜开……可见，好好说话往往是人际沟通顺畅不可少的一门技巧和学问！老师们，父母们，包括我自己，都让我们从自己做起，尽力去学习，去思考，去做一位懂得好好说话、好好回应的教育工作者吧，把阳光传递，把温暖留存，每个人的心中都有一把心锁，让我们都能拥有解锁的钥匙，修身、修心，消除误会，少钉钉子，且慢下手，宽容对待生活中的每一天。

2013年9月8日

阳光自然，适时适量

——2015年举行班主任培训课有感

于无声处听惊雷，于细微处见精神，亲切而温暖，无声且有力。近期给班主任进行的一堂培训课，再一次引发我对学校德育人员更需学会沟通并将心育作为前提的思索。

一、课堂教学小记

2015年5月11日，我为全校48位班主任开展以《跟孩子们谈性说爱——青春期学生情感和行为管理》为主题的班主任培训课。到场参与并聆听此次培训课的还有我校学生管理的涂副校长、吴科长和两位副科长。此次培训主要有两个目的：第一，了解各班主任对青春期学生性认识和性教育的价值观。第二，互相沟通了解中学生青春期性教育困扰的问题和应对方法。在课堂中以年级为单位，12位班主任为小组，通过互动游戏、小组探讨问题收集的团辅教学形式，让各位班主任提出青春期教育管理中存在的困扰，互动探讨相应问题解决的办法。

课堂开始采用了小组"环坐按摩，背坐起立"两个活动来进行热身。从班主任老师们参与的表现上看，它们是快乐而愉悦的状态。紧接着要求用互询的方式来了解几个问题，班主任老师也都认真而配合地去互询答案并记录下来。课后统计老师们的回答如下。

首先问中学生是否存在爱情？爱情是什么？回答中有说存在，有说不存在。归纳来说，多数老师认为爱情应是两个情投意合的人选择合适的方式共同生活。中学生中大多属于朦胧时期的友情，而不能简单称为爱情。

当问到老师们看到"性"这个字眼时，会想到什么？回答有：喜欢、陪伴、家庭、幸福、隐私、亲密、神圣、不冲动、男女亲热、激情、性格、性爱、艾滋病、爱情产物、生活一部分、性情、生理、正常行为、人长大了、冲动、责任、自爱、迷失、成年、爱情、欢乐、自然现象、人性、生育、夫妻、男女关系等。

当问到什么是性教育？回答是：科学理性的疏导；引导学生对性的认识，性行为应在何时发生的教育；教会学生尊重自己和他人；对两性自身发育的认识，性安全问题教育；交往要把握的尺度，女生要如何保护自己的教育；告诉学生这个年龄所应当知道的教育；防止学生走错路，教会学生如何去爱，让学生认识自身与异性的区别，认识到不健康方式造成伤害的教育；是一种责任、担当的教育……班主任老师们都认为中学生性教育很必要，但不太懂更好的方式教育。

当问老师们在管理中最难与学生启齿的性问题是什么？有男班主任老师说："在面对女学生来请假，说到身体不适时，不知道如何去和学生说。"有女班主任则说："不好在全班面前谈有些学生不理智而做出的冲动举止，只敢在女生中谈，不知道怎么和男学生谈及"等。

当问及你发现班中男女生一对一交往过于密切，你的解决办法是什么？高一年级的班主任代表回答说，要先观察，然后要先抓到现形，然后才进行沟通教育。

当问到什么样的方法能让学生"冷藏"青春萌动的恋情时，高二年级的班主任代表说，不是"冷藏"而应当是"热藏"，要教育学生努力学习把自己变成最值得的人。

……

二、课后小结分析

这一堂课下来，统计一下，综合班主任老师们的认识，班主任对学生在什么年龄出现第二性征，产生性心理，老师们的回答在8～20岁不等，有班主任说男生在9～11岁，女生在8～10岁。有的说因人而异，有的早，有的晚。关于青春期生长发育的知识在课堂告诉班主任有两本书值得学习，一本是校园读本《青春花季》，另一本是陈一筠老师青爱工程读本《引领孩子度青春》。

第二性征发育中性激素使得孩童在成长期自然会产生性心理，而一系列性心理表现在青春年龄阶段出现是正常的，紧接着心理会引发行为。而我们学生的管理教育关键就在于要关注心理引发的行为，注重缓解和疏导学生的思想和行为。堵不可取，而导要如何才能更有效，其中很关键的就是要走入学生的内心，做好事先沟通和引导。当班主任发现学生一对一交往举止过于亲密，难道一定要到抓到现形了才去和学生沟通吗？学生真恋爱影响了学习就要马上处理吗？我们常说防患于未然，中学时期，学生心理早熟带来的行为时常比恰当知识获得要早的形势下，成人有义务和责任帮助他们尽早充分认识到行为后果的严重性，早些在学生思想认识中帮助他们端正婚恋观，长远思考，学会控制行为，班级管理和教育是要给学生提前认识和沟通做思想和行为的预防。同时，我们还要给予学生适时恰当的沟通，教会中学生冷藏萌动之情感。让学生自愿地接受当下要面对的距离，增强自我的意志力。好比一个吸烟的人，要让他戒烟，那就要把烟放在远一些的地方，尽可能看不到、拿不到，让时间和空间来帮助学生冷藏情感而投入当下应当专注的学习生涯中。

2015年5月1日，《光明日报》上有篇文章《青少年责任感的缺失背后的反思》谈及教育应当要使青少年在多读好书的前提下成为一个敏锐、会思考，有担当和责任感的人。那些"不在乎天长地久，只在乎曾经拥有"的论调，无论男女其实是一种不负责任的态度和认识。当下存在的许多社会现象和社会问题都是由于年少时的考虑不周、认识肤浅而造成难以面对的苦果。如何学会尊重自己和他人，不让美好的欣赏心境由故事演变成一场事故。青少年学生，如果面对情感来临，借用罗兰的语句：上学期间如果恋爱无法避免，只可当轻描淡写的一点点缀，不可失去自我。人生路很长，要慎之又慎，要理智而勇敢地寻求信任的师长帮助自己渡过困扰期。

班主任老师们在教育时，要对男生说：请学会尊重保护你所欣赏的女孩，让你所谓的爱在最恰当的时候才表达！珍惜时光，力求让自己成为最值得的人。对女生说：请学会自尊和爱护自己，控制行为，因为自己肩上承担着未来母亲的职责，不要在激情中让自己受伤，留下让自己后悔的将米。

寄语班主任要因人而异，每个学生都不同，每一种情况出现也都有差异。在学生青春期管理问题中应端正自我价值观（正视性教育），明确并实施不同问题解决方案（可借助年级探讨等多种渠道），找到能协助自己解决问题的援助之手（可借助男女班主任合作等多方配合）。

三、课后反思引领

对于学生来说，青春期性教育是科学而非淫秽，要打破性羞涩，有问必答。回避只能激发性好奇，性知识也是知识，要去成人化选择符合学生心理特征的做法，适当地告诉学生真理和责任意识。同时要明确，教师不是唯一权威，可以赋予青少年参与探讨和解决问题的权力，让青春期学生思索并践行一种阳光、适时、自然的健康成长状态。

性教育本身就是要引导人们如何做一个健康、自信、快乐的男人和女人的过程。身体层面要洁净、健康；心理层面要谦逊、自信；社会层面要和谐、友善。让学生学会爱、练习爱、懂得爱是一种能力、责任和保护意识的体现。

2015年5月14日

齐心成就一棵树，用心培育一朵花

——参与万宁市中学教师团辅培训有感

2015年8月25日上午，受委托要在这天给万宁部分中小学老师上半天团辅培训课，在此之前惠君老师告知受训者是班主任和一些德育管理人员，教学内容里可增强些情绪管理方面的内容。于是在准备课的时候，几个热身小活动完成后，先是了解一下老师们对待自己职业的态度和感受以及当下的心情指数，然后用了一句快乐情绪语言来分组，紧接着是让每个团队通过集体合作画一棵树来发现团队的凝聚与合作，老师们画出了"爱心树""健康树""阳光树"……在团队代表分享后，用左右手活动来帮助当下这个团体的每位老师对自己满意的和自感无力的事件进行一次梳理。紧接着借助撕纸小游戏来引导老师们理解当下学生中的差异性，如何求同存异，控制好自我的情绪，因人而异，因材施教很关键。在模拟不同的交流方式中，让老师们知道沟通的恰当方式很重要，在教学生活中要能成为学生重要的他人，自己要具有微笑的力量，要学会换一种角度看问题，要注意态度与方式，要能够尽力去做到教书同时更要育人。课结束前，让每位老师各自说一句话来转换自己的消极认识和心境，相信自己的工作在学习中会有所收获，尽力做到德心渗透形成合力去管理和教育引导学生。

这一场来自万宁各乡镇中小学校的班主任及管理者的团辅培训课，从老师们课堂较为专注的参与表现以及在结束时表达的那句话中可感受到，老师们需要更多相关的知识来帮助自己做到调控教育情绪，面对不一样的学生状态，管理时如何更好地做到游刃有余。也相信通过此次集中的几天培训学习能收获更多的管理办法和教育方式。这个团队中的多数都是任教多年的老师，相信老师们在岗位上一直都在尽自己最大努力去成就一棵棵树、一朵朵花。当下参与的学习培训正是要更加努力地让自己的管理能加入更多的心育元素，更完善的培育树木来成就自己的职业生涯。热爱教育事业，那是一门需要教师团队用心去做的工作，大家都在努力中。

2015年9月20日，时隔25天后，海师毕业班顶岗支教生也要如往年一样进行一场岗前团辅培训。今年，我接到的培训班级共两个班，一个是中文班，另一个是英语和美术三班相合的班，此次培训又有其不同的特点表现。小记这几年来培训班级，我带过的学科有政治班、信息技术班、英语班、美术班和中文班。在团队合作绘图的环节，学科特点非常鲜明。此次的中文班，不约而同地，五个团队就有三个团队画了荷花，但特色各不同，而且口号和主题都是非常富有诗意的，极富文学气息。而英语、美术班的学子也一样，在花的图案里都充分显现了各自的专业特点，牡丹、菊花、蒲公英画得都很逼真而洒脱，寓意解说时都与教育相吻合。英语班的学子在画出的向日葵里，每一花瓣用英文写上了教师应当具备的各种素养单词，非常棒！

当问到去从事顶岗支教工作，当下是否准备好，心情怎样，将会怎么去做等这些问题时，一些学子表达说，接到任务时是忐忑不安的，但是还是乐意去尝试一次。在"大风吹"活动中，当要求有责任感、耐心、热情的人站出来时，出列人数总是不多，有不自信的，也有自认不足的学子。面对这种情况，我期待这批学子能把这样一项就业前的顶岗工作当作人生的一次历练，不管将来自己是否选择教师职业，都要在认识上端正思想，带上阳光和热情去面对角色的转变，要发挥出最好的自己，要让自己尽可能成为学生温暖的重要的他人而努力。

　　齐心成就一棵树，尽心培育一朵花，园丁精神放光芒。我想：教师的职业不应只是蜡烛，燃烧自己照亮他人，更应当是一颗启明星，让自己发光，给他人方向和光明！

2015年9月24日

美丽三亚，幸福的小确幸

——参与2015年三亚市中小学教师培训课有感

2015年10月31日到11月14日，三周时间的周末，受省中学继教中心的委托，和团队成员六七名老师一起承接了三亚教师的团体辅导专题培训课程，课程关注当下中学教师的压力与情绪，培训团队教师通过多次集体备课，汇聚大家的建议和智慧，确定了此项团体辅导培训主要内容及课题名称。名称定为《幸福的做老师》，其中包括三个小课题，分别是"做最好的自己""做温暖的老师""做幸福的老师"。此次培训的学校有三亚的八一中学、二中、三中、四中、五中、民中及实验中学共七所学校，共上千名教师参训。

一、同样的幸福课堂，不同的学校和团队体验

本人三次时间分别给三所学校（民中、二中、实验中学）三个教师团队实施培训课。共有约150名教师在我的课堂参与课程学习。首场学校是在

民中，用了一天半的时间进行三个主题课，其他的两场则是在二中和实验中学，调整为一天授课时间。这一项目面对三个不同的团队教师，对我而言是人生路上一次成长和历练。三场培训课下来，个人对每一场培训的感觉各有不同，民中老师的纯朴认真，特别是此校校长的全程参与，老师们的积极响应和真诚表达、认真投入学习的状态，使得我的课堂表现非常连贯、完整、融洽而顺畅。

第二周来到二中，感受到学校配合状态有欠妥之处，没有协助把桌椅摆放好，教室椅子位置和参训人员的人数不对应，每间教室安排的参训教师名单不够明确，临场需要我们去具体安排和调动老师。此校的领导带着观望和怀疑的态度在面对着我们培训师资团队，课堂起始都只是在窗外审视。直到最后看到、听到、感受到课堂里参训老师们的欢声笑语，此校领导那张严肃紧绷的脸才有了些许微笑，似乎对我们的表现才变得尊重和客气起来。

第三场，我们团队五位培训教师全都在实验中学实施授课。清晨遇上突然通知，学校停电一整天，不能用电脑和课件准备的内容来辅助教学。知道情况到上课时间仅有半个小时可调整。真心要为自己和团队老师们点赞，因为大家都不慌不忙，也无须过多的碰头商量，到了学校，到了上课的点，组织好课堂环境后就分头开始上课。这所学校的组织相对到位，老师们学习的态度不错，大部分教师是提前到位等着我们培训团队的到来，发现没电还在替我们着急。给我准备了腰麦，常用手持无线麦而较少用腰麦上课的我一时之间还感觉不习惯。不过，幸好在没电、天热又不能使用电脑视频资源等的条件下，有了腰麦传声，组织课堂上起课来较舒适些，少了事先准备的视频资源让老师们感知，但我通过表述传达，让老师们作为课后的延伸学习。终于和团队老师们一起顺利完成了这最后第三场的培训课。总之，用一句话表达是"有遗憾也有幸福，有疲惫也有快乐感动和收获！"

二、幸福做老师之一："做最好的自己"需要发现和思考

自画像，动物描绘，认真探寻生命五样和生命中MPS（意义、快乐和优势），一项项紧密相连的活动让老师们参与完成着，要写、要画、要思考、要发现，发现自己的状态，发现自己的个性品质，发现自己对身体、情绪、才智、社会关系等各方面的认知状态，发现自己能接受和不能接受的外在和内在。在课堂上，不管哪所学校的老师，从画自画像开始，老师们脸上的表

情就慢慢出现变化，有微笑、大笑、哈哈笑、前俯后仰的笑……而当探寻到生命五样时，老师们的神情就又开始变化，有低头细心思索的，有直接表达说不能割舍的，有表述说要舍就直接放弃自己生命的。说到这时，我回应："如果你的思考中自己的生命都不如其他重要，那今天就更需要深入探索一下自己生命的价值。俗话说，留得青山在，不怕没柴烧？生命本来就短暂，在有限的生命里学会珍惜重视探索一下自己是很重要的事情！"由此带着老师们走入生命的价值、人生的定位来探索自我的内心，去思索并寻找一下让自己快乐、有意义的事情。相信每位老师在找到有意义、快乐又能展现自己优势的中心事件时，人生的方向和价值就会在内心清晰强化下来，接着转化为更具体的行动也就更从容。

这一主题课里，三所学校的老师，大多数都能在探寻中明白自己是一种什么样的状态，还存在哪些需要调整的方面。在分享优势环节时，民中一位女老师现场唱了首粤语歌曲《喜欢你》，全场老师跟着哼唱起来。另一位男教师则一一列出并说着自己体育方面拥有的多项成就，引得现场老师们的纷纷赞赏。多数教师首先找到的三合一事件都是放在教育教学上，获得学生的尊重和认可的时候，对自己职业价值的认同的时候。其次就是自己的家庭和孩子。曾在备课中我提出课堂上有可能会有老师在发现自己有意义、快乐和优势的事件都不是同一事情。而课堂现场这种情况存在着，有些老师一边发现一边自己摇着头，和我交流时说，有些有意义的事让我不快乐，或者是有意义的事又不擅长，怎么办？我笑着说："那就好好思考一下自己的这些事件吧，怎样才能完善处理好，提升自己，思考哪些事情可以把它变成二合一或三合一。"

播放视频资源《一日一生》让老师们思考以下问题：①你想要活到几岁？②你现在几岁？③如果你只剩一年生命，你想怎么活？④当下想不想退休？退休后做什么？一日一生，每天都要有学习的行动，保持学习动力；每天都要工作，维持生活目标；每天都要发现并感受人生，不是等到退休之后才享受，你可以这样去思考吗？

课后留给老师们的延伸作业就是：通过学习，对自己的角色有何发现？你打算如何用足自身的资源与优势，调整好去做最好的自己？列出能让你做最好的自己的行动清单。

三、幸福做老师之二："做温暖的老师"需要关注言行和心境

这个课题一开始，我问老师们"今天你好吗？"让老师们判定当下自己的心情指数，让老师们知道生活中除了要发现自我，学会调节也是非常必要和重要的。在让老师们表达生命中感受到的至少三件快乐事件时，许多老师都说到了上学时、交友时或工作中发生的事件，那时候的人、事、物等让自己感动、快乐、温暖，所以印象非常深刻。常言道："良言一句三冬暖，恶语伤人六月寒"，学会说话是一位能温暖他人的人要习得的能力。课堂上就安排了让老师们现场说一句温暖的话，感受一下这个教师团队里的温暖和正能量气息，老师们的表现是欢笑一片。

而接下来让老师们填表格写"冰冷的名字、不冷不热的名字以及温暖的名字"，这个表格经过两次课堂教学后发现，此项容易引起老师们理解不顺畅，许多老师在询问，要写的是写名字字面上的发现，还是写名字里的人。当场就有老师说：我发现那些名字上有"冰"字的人都很冷，可以写在冰冷名字上，课堂上需要多次解说老师们才明白。这项活动希望老师们发现的并不仅是字面上的名字感受，而应当是名字后对应的人。因此，在第三次课，我把这个问话改为："请把你认为温暖的人的名字写在表格里"。这时，老师们非常清晰知道在自己内心深处的对应感受了。结果发现，许多老师温暖的名字都是能写满十格，而冰冷名字超过三个的极少。多数温暖的人都来自家人、同事及好友。由此说明，这批教师团队的老师在工作和生活中，感受到的温暖还是挺多的。当然，也有少数教师在写冰冷名字时触动她的内心，现场泪眼婆娑，在分享时说了当时的事件和感受。现场的所有老师都发现，那些让人感到冰冷的人所做的事，通常就是态度和语言给人带来的伤和痛。而那些让人感受温暖的，其中微笑的力量、良言的表达、关怀的行动很关键。话锋转一转，问所有的老师，在教育教学的课堂上下，你能成为一个温暖的人吗？你的名字在让人想起的时候是否感受到一丝温暖呢？你平时会用打击、消极负面信息的言行去左右学生，还是时常用积极正能量、善解人意、一分为二的恰当表达呢？当一个人学会反思时，相信改变也会在进行时。

人生画卷（画布人生），生命中重要的他人，从最初的婴儿开始迈开步伐，出现在你生命中的那一个个人、一场场的景致、一年年的岁月流逝，

你给谁涂色，谁给你添彩，你是否喜欢，他人是否满意。协调沟通，感受接纳，改变调整，最终的心愿就是要让自己不要在匆匆的步子中迷失自己，学会思索内心压力和倦怠感应如何化解，学会拿起和放下，让《最后的编织》触及心灵，让自己面对阳光发现并珍惜自己，好好温暖地活着，认真感受人生的点滴意义，寻找生命的价值，相信自己的价值，让短暂人生过得有滋味、有感觉，相信这就是幸福所在。

四、幸福做老师之三："做幸福的老师"需要正能量和好心态

人生不如意事十之八九。生活中，无论任何人，对幸福的感受心情几乎相同，而不幸感受各有不同，这八九的不如意应当如何应对、如何化解，是一个需要学习的过程。当问及老师们在从事教书育人工作中感受是什么时，大家的回答有幸福感，有快乐感，会累、会烦，有压力，痛并快乐等，因此，表达感受因人而异。

什么是压力？一艘货轮卸货返航时，在大海上遇到风暴，水手们惊慌失措，老船长果断命令水手们立即打开货舱，往里面灌水。随着货轮的水位越来越高，船身一寸寸地往下沉，依旧猛烈的狂风巨浪对船的威胁却在一点点减少，货轮渐渐平稳了。老船长望着松了一口气的水手们说："船在负重的时候是最安全的，空船时则是最危险的。当然这种负重是要根据船的承载能力界定的，适当的压力可以抵挡暴风雨的侵袭。但如果压力是船不能承受之重，船就会如你们所担心的那样消失在茫茫大海中。"这就是"压力效应"。狂风巨浪来袭时，空载和超载都能将船陷于水能覆舟的境地。现代国际心理学比较认同拉扎勒斯的观点：强调个体与环境的关系，把压力看成刺激——反应的相互作用的过程，认为个体感受到的压力来自主客观的交互作用。学会判断一下自己的当下状态：①无重可负；②有重能负；③不堪重负。只要清晰认识自己的状态后，就能学会调整自己。

寻找自己的能量源，发现自己日常中的表情，自己在他人眼中的认识，自己的财富、成就和恐惧事件，自己的遗憾和希望等。一位老师问我，在填财富时想填健康，可是发现自己并不是太健康，纠结不知道应不应当填写上去。我说："当你发现这一问题时，就明确知道自己要做的功课有哪些。"最终他告诉我，他还是将其填上去了，因为他知道他现在相对来说还是健康的，接下来他会为这笔财富做更多的事情。而我则微笑回应他："今天能坐

在这里听课，然后心情也能感到愉悦，说明自己当下的健康指数还是不错的。"就是这样，在活动参与中去寻找、发现、调整、完善自我吧！

当我再让老师们思索一下在这繁忙多变、艰辛不易的人生旅途中，让生活圆满的应当是什么？有老师说是"爱"，而多数老师都明确地说出了"心态"这个词。是的，不管遇到什么事情，心态通常影响着你看问题的角度和思考的方向。课堂现场有老师提到了一些很悲伤无法心态圆满的事件，我回应说："有时除了恰当宣泄，紧接着只能是恰当协调理解并沟通，然后学会接受。而不同事件的沟通方式不同，那就是另一个课题要具体探索的内容了。"我说："举个例子，就如今天，让大家来学习培训，许多老师不情愿，可大家来了，抱着什么情绪和态度在此不谈论，想知道的是听了一天课下来，如果用情绪色彩来表示，会是什么样的呢？"我们任何人一天仅有24小时，时常要审视一下自己的情绪色彩，想想一周内自己通常是哪种情绪居多？可不可以调节，怎么调节？设定色彩代表的情绪，红：愤怒、兴奋；黄：焦虑、紧张；蓝：开心抒怀；绿：轻松、愉快；黑：忧郁、沮丧。

民中一位老师表述说她这一天的色彩变化是这样的："早上起来是黑色（因为要上课），听课后慢慢变成蓝色，中午因为要办件着急事则变成黄色，下午听课到现在感觉是绿色，觉得开心轻松。"而实验中学的一位老师表示，那天她上课迟到了，当"大风吹"游戏活动开始时，我让自感有责任心的老师到中场来，这个教师团队仅有她一个人坐在椅子上没出列，问及原因，她说她不知道要做什么，因为是刚跑着来到教室。可到下午让她表述她的情绪色彩时，她微笑着回答说："早上是黑色，到下午此时变成了绿色，是的，就如老师你的衣服色彩一样。"（那天下午我穿的是绿叶状的衣裳）。课堂能给老师们带来这样的回馈，我觉得已经达到让老师们缓解压力和调节情绪的目的。从而也告诉老师们，要成为一名温暖的教师，首先自己的情绪要尽可能调节到最佳状态。学会运用"情绪垃圾桶"和情绪调节小方法，时常帮自己化解那些不良的心境，积极面对生活。

当我们出现工作倦怠时，教师压力达到恶性压力的状态时，应引起教师们的足够重视，建议大家对自身的压力状况进行分析和反省：①常与家人、同事交流压力感受；②求助专业心理咨询人员；③每年进行一次全面身体检查；④每周进行三次有规律的适合自己的锻炼（如散步、爬山、打太极等有氧运动）；⑤阅读相关书籍，改善自我压力感。我们要做最好的自己，温暖幸福地去做老师，就需要在职业认同感上让自己感受到温暖和幸福。随着国家对教育事业的重视和投入，学校领导对每位老师的温暖尊重日益提升。相信有温暖而感到幸福的老师自然会更让课堂温暖幸福，从而带出懂温暖幸福自己和他人的学生。

在此不由得让我想到惠君老师那篇《寻找温暖课堂》的文章。生活中任何人都不应是在疲于奔命中去创造自己的价值，而是要学会在点滴中发现温暖。如果能在不断地参与和发现中调适完善自己那将是最佳的状态。生活没有完美只有追求完美的过程，让自己简单而具体些，时常发现生活中幸福的小确幸，感动自己，温暖别人相信也是件快乐的事情。

五、幸福课堂用"我很幸福"来感悟，微笑温暖幸福在其中

当课堂接近尾声时，我让大家用"我很幸福"开头说说自己的学习感受。以下是对老师们的一些片段话语的记录。

我很幸福，虽然是周六培训，但很庆幸能有这么喜气的老师来给我们上课，还能与同事们交流接触，学到了课堂中学不到的东西。

我很幸福，我就是一个幸福的老师。

我很幸福，能遇到如此好的老师共度周末，让我的心灵进行一次洗礼，和大家在一起让心情得到放松。

我很幸福，从培训课上懂得了如何做幸福的老师，如何释放压力，这个周末让了无生趣变得相当有趣。特别幸福的是，老师关注到我。

我很幸运加入这个课堂，和小伙伴们一起快乐学习，谢谢老师！这次培训又让自己成长了一点，走过许多小路，遇到很多美好的人。我很幸福，我很知足，我很幸福每天都跟你们在一起。

我很幸福，虽然我坐在角落依然能听到老师动耳的声音和感受到老师温暖的笑容。喜欢这种游戏式培训，喜欢这个特别的课堂，愿意在这个大家庭里学习。

我很幸福，因为我爱学的习惯，虽然周末培训还是很开心，我努力向上，同时感受老师今天的衣着风格是我喜欢的。讲课非常好，包括上回的拓展培训，感觉都非常好。也感谢国家当下能重视教育并对教育做出的投入。

我很幸福，因为有你们的陪伴，让我不健康的心灵变得健康，健康的心灵变得更健康，我爱你们。

民中校长说：我很幸福，因为我开心。我很幸福，和大家在一起活动，还学会了微笑……

多数老师表达说通过培训懂得如何做一名幸福的老师，懂得如何缓解自己的压力，此次学习学到了减轻压力的一些知识，发现了将来的自己应当怎样去调整自己的心态，将要以美好心态面对自己和调整自己，喜欢老师的笑容，也会将这种力量用到教学中，认识自己，发现自己，减轻压力……

培训课后，一些点滴感受让我也觉得温暖和幸福。记得那是在二中上完课走出校门，遇到参训的老师笑着对我说："老师你要走了吗？不理我们了？"我微笑着回应说："当理的时候会理的，先走了，再见！"再遇到另一位老师，她看着我背着背包，急忙伸手上前要帮我提，我微笑着说："谢谢，还好不重。"在实验中学，课间休息，两位老师分别上前把矿泉水递给我，一位老师给我递上的还是专门去带回来的一瓶矿泉水。另有一位老师给我递来两个橘子，对我说："老师，吃点水果补充能量。"还有老师走到讲台对我说："老师，你的课讲得很好！"

很开心，听到并感受到这份关怀和认同，内心是快乐的。当然，关键的还是对自己的认同也还是满意的，因为我用心尽力了，自感课堂也达到了预想结果。三所学校三张大合影里的微笑脸孔让我感受到老师们对课堂接纳的快乐姿态。

当然，课堂中也有不尽如人意的场面和表达，有个别老师没能坚持听课到最后，还有一些老师因一些事情没有来听课。同时，在课上有位比较年长的男老师说："学习本来是幸福的，但是我真的已经没心去享受，谢谢幸福吧。"二中有位男老师因为不满意培训时间，一直用阻抗的状态来面对课堂，人在心不稳，但是他依然在课堂里，参与课堂活动时也会微笑……

这次三亚行，在完成省里委托任务的同时，也遇见了一些让自己感到幸福的小确幸，前两次住的房间，台灯是小提琴形状，挂画是两幅大海图，阳台上还可以远望到宽广的大海，感觉很好，是我喜欢的格调。最后一次入住的是简约木制整洁的房间，有一张长长的沙发椅和小圆桌，当时想着要是能品茶那感觉多好。作为培训师资团队里的一员，和惠君老师及团队老师们在一起，是我从2007年第一次参训到现在，8年后再次回到这座城市，回头看看自己走过的路子，感恩的同时也很高兴因为自己的努力一直在成长中，相信我会继续加油。

美丽三亚这趟旅程中的我，重逢了那颗曾被感动的情，感受了美丽和谐的一份心，也更多地发现自己快乐有意义又能展现自己优势的一项幸福事件！此生就做一个能和大家一起播撒快乐幸福花种的人吧，祈愿自己人生每天都舒心度过，祈盼温暖幸福的理念让懂爱的每个人都能感受到！

2015年11月26日

获得感悟和改变的团辅培训课

——参与三亚《幸福的做老师》团辅培训课的回访会有感

2016年1月14日至15日，受省继教中心邀请，与惠君老师等几位专业同仁到达三亚，对曾开展培训主题课的七所中学进行回访活动。目的就是想听听参与培训后的老师们对教学的内容和形式是否有一些意见和建议。同时也想面对各校的部分老师做一份调研，听听老师们在教育教学中存在哪些棘手的问题，做一次现场咨询回应。在省继教中心的领导带领下，分头走访了学校，每校要求大约十位以上的教师到场座谈交流，综合听到的回馈声音都较好，让人欣慰。而我在八一中学，南海中学，三亚二中听到的主要是以下几方面的信息，在此记录下来，以便日后工作能针对侧重面来思考协调与完善改进。

一、老师们参与培训课后的表述

有老师说："工作十几年，参加的培训无数次，第一次感受到这样的一种培训，觉得很好，很有收获。此次在学习中能很开心地笑起来，还能改变和提高自己的一种思想认识。身边那些参加小学培训的老师都羡慕我们，培训中能有这么多的活动参与，欢声笑语的。

"此次到校的培训课中的活动能让思想有所改变，能互相交流加深自我认识，在获得别人的评价后充分了解到自己的优、劣势，多一分自信，明确知道沟通交流是非常重要的，在其间能达到互识和谐，探讨教学方法，还可通过实践总结感悟到理论，转变原先认为生活学习中只有理论才能指导实践行动的固有想法。

"培训能改变自我的意识，上了一定年纪后通过活动来实施培训很好，可增强信任感，也贴近生活。而如果在非培训的时间也可通过互相交流达到沟通和互助，解决工作中疑问会更好。校内的领导注意引导，开展工作中如能注重调节并适应社会和工作，这会更有利于身心健康。

"课堂与课外相结合比较突出，效果好，以活动为主要课堂内容，通过交流体现团队的良好精神面貌，此次培训对教学管理上有所改变，平时只是上课下课，没有注重学生的认识，通过这样的培训课能激发自己去探索教学的一些想法。"

三亚二中在会议室的桌子上放着一圈的档案盒，老师见到我们，首先微笑着对我们说："最近刚接受三项检查，有标准化、示范化、均衡化，这些工作让老师们感到压力挺大，如果能在这方面协调一下，老师们就没那么大压力了……"

当然，回访中，有个别教师说参与这样的活动，自己认识还不深切，感觉自己变化不大，不知道如何才能更好指导工作实践。

二、老师们所困扰的个案问题

在这几所学校里谈到的有以下八个方面的困扰，领导们和我及房老师在现场分别给予了一定的回应与指导。

（1）初中青春期孩子的恋爱问题。

（2）学生深夜玩手机影响上课睡觉的问题。

（3）中学生学习数学、英语基础差的问题。

（4）个别学生与同学关系处理不妥，存在矛盾的问题。

（5）学生当班干部对学习影响的问题。

（6）单亲家庭孩子的校园问题。

（7）幼儿课堂注意力不集中的问题。

（8）老师与家长的沟通不畅问题。

以上这些问题在学校几乎都会有不同程度地出现，只不过有些问题轻重度不同，表现形式不同，有些是存在需要加强校园和班级管理的问题，有些是来自家庭原因，还有的是个性问题及生活习惯问题等。教书育人有时候不是一个人单打独斗就能改观的，社会、家庭与学校，父母、老师与同伴，外在环境与内在环境通常都是学生成长路途中非常重要的影响源。找到问题根源所在，探索适合的解决方案，注重协调各种关系和情绪通常才能解除困扰。

　　老师们大多数都非常满意此次培训课形式和内容。仅对培训的时间提出希望有调整，不要放在周末。二中的老师稍有不同的认为，这样的培训就算是安排在周末，只要不是用两天，用一天来参加这样的培训，老师们不会有意见。有些老师还建议如果是户外拓展，能到海边进行培训会更好……看来老师们是非常喜欢一种轻松的劳逸结合的、实践与理论相联系的、让人能有所收获和感悟的培训课。

　　同时，有老师建议讲座形式的培训课就要多增加一些一线教育教学的案例，帮助老师们解决工作中和生活中的教书育人和家庭育儿等问题。因为许多学校当下都没能配备心理学教师，对心理学科感兴趣的老师们期待能拥有进修的机会，还希望能现场听听面对学生上的主题课，学习如何去组织同类的心理课或主题班会课等。

　　幸福做老师，选择这个职业需要一份热情、一份责任、一份坚持！创造性地选择去做拥有源头活水的江河湖海，去汇入更多的溪流和水滴，滋润大地，润泽心灵，相信这也是一份美妙的事情。

2016年1月20日

生命之花，生涯规划

——参加2016年庆祝教师节活动有感

2016年金秋九月，人生四十年，从教二十年，我画了一朵人生幸运四叶草。回味回顾，眼眶会有湿润感。2016年9月8日晚，召开庆祝第32个教师节的大会上领取了一束由校领导颁发的到校从教二十年的鲜花，春风化雨、润物细无声的一束记录岁月成长和流逝的鲜花。教坛二十年的酸甜苦辣咸，真正是品尝到了五味俱全的感受。就如林清玄的书名《咸也好，淡也好》，人生就这样在前行中感悟着。

2016年的9月开学季，一个月的时间里迎接着教师节、中秋节、国庆节。今年的中秋节是一个明媚的日子。9月15日中秋佳节日，今年初次与家人一起到海边赏月，有月又临水，空旷海岸边，海上明月升，月朗星稀，一轮皓月空中挂，海浪拍岸，微风轻拂，怡人，感受一份愉悦心境！沙滩上饮茶、品尝喜爱的椰蓉饼，听岸边传来歌声、嬉闹声、警鸣声、哨笛声，亲临感受了一次海滩边的节日风情……中秋佳节的时光是家人团聚的日子，可海滩边早早就出现了许多安保人员，几乎是五十米就有。孩童问："叔叔，你们在做什么？"安保人员答："我们在维护秩序，为了让你们更好的过节。"辛苦了，可爱的安保人员们，谢谢！

夜晚时分，沙滩上赏月的人们汇聚得越来越多，各家各户用自己不同的方式在海边赏月，三五成群，坐在我们边上的一组十多位成员，他们把沙堆成一个高高圆形平台，就像一块大月饼，然后再每人给自己堆一个沙椅围成一个大圈坐下。所带的物品则放在圆形沙台上，然后开始畅谈赏月。看见几个外国人在沙滩边喝着啤酒，时不时奔跑着冲下海水里去泡澡，这种行为违反了节日海边安保人员的要求，救生员在身边紧张得时时关注，多次劝阻提醒为他们担忧。幸好，最后他们终于能收敛控制行为配合安保人员的要求。那日的海滩边还有一些学校派出的青年志愿者和环保小卫士，给沙滩边的人们发放环保垃圾袋，挺好！这样的感受让我发觉当下的三亚相比往年，真的是有了许多的进步和改观，点赞！第二天，行走天堂热带雨林公园远处望景，步入玫瑰谷遇见热带玫瑰花儿，不同色彩与姿态朵朵在绽放，清香抒怀！傍晚，雨儿就开始飘洒，月隐回……

9月也是海师顶岗支教毕业生又要去实习岗前参训的日子，25日那天，清晨进入海师老校区等候同仁同行的时候，经过二十年前就读母校时就植种有的校园大榕树，抬头望着那四棵枝繁叶茂的大榕树，走在其中，凉爽怡人，感触颇多……第六个年头到达桂林洋校区给中文和美术书法两个班的学员进行团辅岗前培训。今年的海师培训课前的教室准备也是大有改观和完善，校园显得整洁，遇见的多数毕业生们也显得较为谦逊而配合，教室内的学员们早早地就协助排放和安置好许多需要的教学物品。课堂中用"我们是幸福快乐的海师大学生"分组，用"顶岗支教"四个字定题。结果出现"顶上傲梅队""锦上添花杠杠队""莲支队""教学相长队""登顶队""支付你的爱队"等。课堂中发现，进入教师角色的学员有部分需要学会微笑，有部分需要增强耐心，有部分则需要提升热情度等。相信她（他）们会努力在准备中去不断地完善和提升。

在此想要探讨的是课上听见一位可爱学员的言语，他说："作为一名教师，最重要的不是品质和素养，而是知识，没有知识根本无法为师。就好比海师的学生，如果没有拿到博士学位的人是不可能成为海师的老师来教我们。"然后又说："我曾去任过两次中学考前辅导班的学生课，我对学生要求是很严格的。"在这位学员表达完个人意见后，我给予的回应是：恭喜他在还没有大学毕业的时候就能有知识和能力去给考前辅导班的中学孩子辅导，但同时也想对他及在场的所有同学说，请所有同学思考，是不是只有拿到博士学位才叫有知识？才可以为人师呢？为人师表最重要的就是知识吗？他的理解是否偏颇，理念是否恰当？

教学相长，不管什么年龄阶段，某方面表现突出往往就可为师，这是我的理解。而为师的知识和能力能否让人理解接受并认同，有时则是个人品质和素养的体现。能否成为海师大学教师一员，学历只是一种知识证明，但为人师的个人品行和素养的综合体现，往往更是成就一位优秀教师的重要依据。

165

要让一代胜过一代，而不能一代不如一代，那才是一种传承。要让一代比一代更为自信而谦逊、懂得尊长而爱幼，而不能一代比一代更为跋扈，相信这才是中国的国学精髓所在。当下的青年学子们，如何更好地自我认识，给自己创造一个比自己想象得还要美丽的人生，需要做好规划，需要尽早有想法、有目标、有方向。

9月27日，省教培院符明老师组织的关于新高考背景下的生涯规划研讨会，邀请北京师范大学中国基础教育质量监测协同创新中心学术委员会主任，教授、博士生导师，教育部基础教育质量监测中心核心专家，教育部中小学心理健康教育专家指导委员会委员边玉芳教授到会做专题讲座。邀请本省心理特级教师惠君老师做相关的课题分享，邀请海中陈玲老师做学校的实践经验介绍，同时还让海口实验中学韩佩良、国兴中学的骆思思两位老师在海南华侨中学上了两节关于生涯规划的心理研究课。这是一次具体、深入、透彻，起着抛砖引玉作用的省级研讨会。

人常说：三十而立，四十而不惑。要祝福一下自己，很高兴自己在体验和经历了许许多多后，当下的信念和方向算是比较清晰而从容的。当然，相信在继续行走的路程中肯定也会有遇到许许多多不同的体验和感受，但是我相信如何去面对人生这朵花的绽放，我会顺然、有感觉地关注并爱护它。生是生命的存在，涯是生命的边界，生涯规划就是要通过认识自我，让自己的人生变得比自己想象的还要更加美丽。人生就像一场旅行，我们都在努力前行中！

2016年9月30日

爱你一万年的培训趣闻

——参与三亚市中小学教师团辅培训有感

海南省中小学及幼儿园暑假将至，各校老师需要参与在岗的继续教育学习培训。有些学校会安排在期末，有些会安排在开学初。今年依然受省继教中心工作项目的邀请，定于7月4日至13日给三亚中小学幼儿园教师开展团辅培训课。前后十天时间，到了四所学校（天涯、凤凰、四小、南岛），给汇聚在这几所校园里不同学校的中小学及幼儿园老师实施团辅培训课。此次参训的学员均来自乡镇学校。大家共同的职业身份就是教师。依据去年给市里培训的主题，围绕"幸福做教师"的宗旨，给每一班级团队学员开展一天半的团辅培训课。

此次培训，行程体验不少，感触较多。团队同仁和各校纯朴真诚的老师们给我带来许多有趣而温情的感受。印象非常深刻的是在凤凰学校的课堂上，一位从教40年的年长教师在课堂上分享，言语中带给我和大家笑得几乎合不拢嘴的有趣记忆，据说这位老师是三亚市的一名优秀教师。那是我在第二课"做温暖的教师"活动环节里要求大家说一句温暖的话时，这位老师分享到最后说了一句"爱你一万年"。结果他在课上就拥有了"一万年"这个别名。有趣的还不只是这个别名，这位可亲的老师一张口说话，团队里的老师们就被他语重心长而又亲切的话语给逗乐……

当前，什么是健康？健康就是要让大家每天都能吃得下、睡得着、笑得出来。什么是幸福？幸福应当就是一种感受当下体验到接纳与满足、满意的状态。我在上课时能感受到老师们处于开心快乐中，这样挺好，这也是团辅心理课堂起到的调节意义所在，期待大家都恰当拥有之！

凤凰镇名字好听，离凤凰机场也较近。这次培训，为了离送教培训学校近一些，大家居住在三亚凤凰路离清真寺回民区不远的一家九里香商务酒店。九天定点住宿饮食的环境条件一般，但可以感受到一定的民俗风情。此次培训过程中每天接送我们到校的一位司机（小姚师傅）非常可爱贴心，据说曾经是位多年海底潜水的老教练。此次培训因为多数同仁都吃不习惯酒店里的早餐，于是商议由姚师傅采购，每天分发两瓶牛奶给大家补充能量，这位师傅前前后后的准点接送到校，其间的暖心关照与问候给大家留下较好印象，点赞一下。

每天清晨醒来，整理好物品用好早餐，团队老师们就前往各校实施相应的教学任务。来天涯教学点和凤凰教学点接受培训课的老师们，许多都是教龄近二三十年的教师。看到他们认真参与学习的状态，真心感动，在天涯小学遇到当年与我同一届就读中师的校友学员，中师毕业至今23年的他现在在校担任副校长一职。

课堂上有老师在分享中说："近35年的教学生涯第一次接受这样的团辅培训，感到非常开心！"有老师在谈遗憾事件时说："遗憾当年读书少，没能接受更多的学习机会！"有老师在观看《最后的编织》视频短片后感叹："原来对一些事情还处于纠结状态，这回真的知道应当怎么办了……"

而到三亚市四小，遇见参训的教师多数是幼师，阳光、自信满满的幼教工作者让人感到非常欢快可爱。到南岛学校，这曾经是一所由农场创办的学校，说起来十分亲切，因为我也是从小生长在农场的人。汇聚到这里参训的教师来自五所学校，而我到此遇见了当年就读中师的一位同班同学和两个曾经教过的中师学生。我的同学和学生在那所学校里成了同事，大家都共同在为基础教育事业尽心尽力，学校的校长对两个学生评价较好，说她们先后都在接任着学校的少先队辅导员的工作。幼乙班的学生林彦在看到我的名字确认是我要来后，很有心地在前一天下午就给我打了电话，暖心地邀请我届时共进午餐，因为团队有集体的安排，我也就婉谢姑娘的心意。第二天到达南岛学校见到她们时，姑娘很贴心地协助着帮我准备好上课用的话筒。持续上课好几天，几所学校的教学场所都还存在需要完善的设施。七八月的三亚是非常炎热的，培训到了南岛学校，我的嗓子已经开始显得有些沙哑，虽然小姚师傅也给大家备足了金银花、胖大海等来保护嗓子，但是在团辅课堂上能用上话筒来上课显然感觉好了许多。中师同学辉雄不在我的培训班级里，但他每次下课后都会到教室来等我一会儿，和我聊上几句，毕业后联系不多，能在这里遇见是一份喜悦。最后一堂课，他还来到我的教室帮我和参训老师们拍了张大合影。中师同班毕业的还有三位同学在三亚工作，但因为此次任务多而紧，住得离市区较远，只是电话联系了一下，也就没有相约聚聚。

每次在一个团队做最后的课堂小结时，我都会让老师们用"我很幸福"来开头，用"三行情书"的模式来写和说这几天的学习心境。以下是节选的老师们的一些话语。

我很幸福在做温暖的自己这项活动中，回顾了别人给予的温暖，才发现自己是幸福的，别人温暖你，你也可以温暖别人。

你的微笑让我感到很亲切，以后我会天天微笑面对我的学生。

我很幸福能参与这样的培训，很开心；我很幸福今天能抛开工作中的压力和烦恼，和大家像亲人一样倾诉，亲密温暖。

我很幸福在团体的协作中体会到成功的兴奋，在"家庭"的倾诉中领悟到真情的可贵。

我很幸福这次培训使我认识到我很富有，我健康，我快乐。

我很幸福与大家一起分享，一起努力，一起放松，在团队中体会团队的凝聚力与向心力。

我很幸福，因为这一天半来认识了许多同行，还认识了几位专家老师。我很幸福成为一名幸福的人民教师，我很幸福，无论自己美与丑，我都能接纳自己。

13日午后，和崔老师一起结束南岛教师的培训课，此次的培训任务宣告完美收官。课上，有老师说担任班主任的压力很大，责任很重，常会焦虑，笑不起来，而其他任课教师往往相对比较轻松。老师们表达恐惧的事件中，有部分老师说非常担心班中学生不友好等。课后，个别老师对我说，希望能多进行些相关的心理知识内容的培训学习，特别是关于学生一些案例的分析和引导。"教师心理健康是教育的生产力"，这是我在课上告诉老师们的一句话。希望这些从事基础教育工作的老师在工作中先学会把心放宽，注重并寻找恰当的解决办法，先学会调节好自我情绪和状态，然后再投入到更完善的教书育人事业中。希望大家一起努力！午时，小姚师傅将我们送到动车站，返程回海口。刚到海口就遇上一场大雨，祈祷风调雨顺、事事顺意！美丽的三亚，愿海岛常拥有润泽的阳光雨露，愿大家的生活更加健康而美好！

2017年7月15日

学会　会学　乐学

——关于《精心备课，创新提效》培训学习有感

2016年8月30日下午在第一报告厅，邀请了我校校长顾问、北京市教育教学教研领域的专家于荣学校长到校为我们全体教师开展专题校长培训课。课题为"精心备课，创新提效"，对课堂教学关键环节的思考。

于校长的培训课中，具体讲述了备课需要重视教学目标设计、教法设计和过程设计。着重讲了教学目标的设计，在其中最为注重的是探讨课堂提问的设计，于校长明确说明提问设计的好可以较实效地决定课堂有效性问题。一堂好课，要让学生动起来，提出问题要符合学生追求新东西的需要。课堂中讨论的环节是否有效值得探讨，讨论后的成果如何处理？课堂设计好讨论环节的三五分钟意义是重大的。

创新增效的提出背景，正是由于课堂低效导致过重负担，爱因斯坦1952年指出"负担过重必然导致肤浅"。因此，精心准备是减负增效的基础。研究一堂课，需要对教材的理解，强调"对、懂、通、透、精"五个字。要能融通多学科理论来指导备课，甚至是用一生时间来备一堂好课。每节课不拖堂，减少教室存在的污染源，清洁教室空气，调节教室的光线，补充温开水，吃好早餐。整合全校的力量优化资源共备一节课。于校长谈到高端的备课需要专家和师生共同参与。从而，备课中精心设计是创新增效的关键。课堂教学设计的几个关键点就在于要科学设计教学目标和学习目标（知识与技能、过程与方法，情感态度与价值观）。

知识与技能是显性的，是教与学的目的，要促进学生学会。过程与方法是可操作的，起着桥梁作用，要促进学生会学。情感态度与价值观起隐性的作用，发挥动力作用促进学生乐学、主动学。教学对于教师而言，就是要让

学生在幸福感的追求过程中，让乐趣体现在奋斗过程中。

于校长建议要艺术地设计教学方式和方法。每位教学人员，在实践中不管是用模式还是方式、方法，应该有个"名称"。倡导每节课应用多种教学方式、方法，至少四种教学方法。因为学生学习在不同阶段感官接受信息的认知效果不同。认知倾向所产生的学习效果：以听觉方式为主的学习方式，效率最低，不足20%；以动觉（实践）方式为主的学习方式，效率最高，超过90%。

于校长的此次培训让我感触最深的就是，备课中对于教学目标的准确确定十分必要和重要，它是一节好课的引路石。如果没有方向和目标，一节课就没有相应的指挥棒，容易思维不清晰，条理不清楚，解决不了想要到哪里去的问题。而至于其他的如何艺术性地设计备课的过程和环节，最终就要看个人的教学风格和专业水平。但不管采用什么样的方式和方法，最终都要能达到目标体现有效，培养和促进学生的习得和认知，那样的一节课才叫好课，才是有效的课。

2016年9月1日

生活与人生是教育的终极目标

——"高效课堂的灵魂是什么"一文学习有感

2016年9月29日下午，学校召开"名师和骨干"培养培训会议。会上征集了此工程的名称。投票通过了"163"的方案。解读中说到此名称"1+6+3=10"代表了十全十美。听到此句时不由让我有所感触，因为教育的终极目标其实也正是在通向十全十美的路上。完美是一种向往和追求，教育的终极目标就是一种生活与人生，是在路上的一种风景与进取的存在。

杨校长在会上发放了刘长铭撰写的文章《高效课堂的灵魂是什么？》让大家学习。阅读后对其中的观念和理念深表认同。欧美国家课程设置都基本相同的前提下，人文、艺术、体育和社会学内容的比重比我们大得多，而学习这些课程的学生人数比例也比我们大得多。这其中反映出社会和经济发展水平对人们生活质量的重要指标。我们要知道人文情怀、艺术修养和身心健康等，是决定和衡量人类生活质量的重要指标。社会的进步要求教育不仅要培养能工作的人，还要培养会生活的人。我们说一个人会生活，是指一个人不仅会享受物质生活的快乐，同时会追求高尚的精神生活，懂得追求有意义的生活。当社会越来越多的人具有这样的生活态度和生活目标追求时，人类社会就会发展进步，人类社会才能文明和谐。

教育的价值观念决定了教师的教育行为。教师行为模式的转变是一项长期任务，只是教师的行为模式发生转变，教育改革才能真正取得实效。我们的教育不仅要关注学生的近期发展，还要关注学生的终身发展；不仅要使学生在学科知识与能力上达到优秀标准，还应当体现对学生的终身关怀上。引导学生学会做人，归根结底是让学生学会正确对待生活、正确对待职业、正确对待社会、正确对待人生。

　　高效课堂和有效教学离不开价值判断。老师们担心在考试压力下，哪还有时间和精力在教学中体现这些价值。其实，这是对教育规律的误解。将重要的教育价值元素渗透到教育教学活动中，不是要特意增加贴标签式的说教内容，也不需要专门占用教学时间，关键是教师要转变观念，要根据教学的知识内容，自觉地将这些价值元素渗透到教学中，做到文以载道、教育无痕、润物无声，这是对教育者教育观念和教学技能的更高要求。

　　对学校来讲，教师是最重要的因素。对教师来讲，教育观念指导下的教学行为、教学方法或教学过程最重要。在我看来，教什么、学什么不是最重要的。在今天的技术环境下，知识的获得完全可以不依赖于学校和教师，而教师怎样教、学生怎样学才是最重要的。学习同样的知识，不同的教师采用不同的方法，培养出的学生特点会完全不同。

　　教师在一节课体现什么教育元素，归根结底取决于教师对教育规律和人的发展规律的深刻理解，取决于教师对人的生活尤其是精神生活的关注。只有这样的教育才是润物无声、不留痕迹的教育。当下，做一名不断激发学生对生活的向往与自信的教师，那些对未来社会和人生充满希望和光明的教师，才能赢得学生的尊敬与崇拜。教育的目的不是要将人训练成为工具或机器，教育的目的是培养人。因此，生活与人生是教育的终极目标。在教育这条路上，我们一直在努力！

2016年10月10日

做幸福的职业人

——参加校暑期校本培训学习心得

2017年8月29日上午，学校邀请到省教培院周积昀副院长到校，给我们讲述关于师德建设的话题。从事教书育人的工作，师德是必须要具备的条件之一，而且是首要条件。周院长讲座的一开始，没有条条框框地排列出师德需要做到哪些理论上的要求。而是呈现了一个主题——做幸福的职业人。然后问大家一个问题，幸福是什么？紧接着告知大家，师德就是做一个幸福的老师。而幸福源自心灵的平衡，不幸福是因为心理失衡。因此，任何教师如果懂得寻找平衡点，有效地进行内心管控，然后良好地去对环境进行适应，那么幸福自会跟随。

近年来，教师队伍的建设受到许多外在的影响，部分教师为了个人的种种利益而忘记了自己立德树人教育者的身份。以身作则，做榜样、做楷模、走正道，懂得调节自我，传递正能量，鼓励学生去面对社会中的种种变化，呈现传道、授业、解惑的亲切和为人师表的形态是这份职业的基本要求。

如何建立正确的价值认同，在生活中，角度决定着高度，先从建立看问题的视角出发，学习爱，明了自己的核心需求，要知道自己想要的是什么，用坚定的信念和忠实的信仰、豁达的态度和价值认同来做好自己。要学会当改变不了现实就改变自己。在教育中会遇到许多不尽如人意的地方，我们要了解教育、了解学生。周院长在讲座中给大家播放了崔万志人生经历的视频，其中一句话非常值得大家深思。面对生活中的不如意，"抱怨没有用，一切靠自己。"

端正思想，热爱自己的职业，只有热爱才是一种内心价值生长，人文的关怀是爱生长的最佳土壤。爱是教师的核心素养，有爱的地方，才会有更多的获得感。就让我们在工作中努力调节自我，做一名幸福的职业人吧。

今年的暑期培训，学校还邀请了我校的校长顾问、北京师大附中红螺中学的于荣学校长给大家做了《班级文化建设的策略方法》的培训讲座，增强大家对班级管理的意识。同时，杨立功校长也给大家开展了《中小学教育中的权利与义务》的法治学习培训。学法、懂法、用法，知道自己面对的对象是什么样的群体，认真落实国家的教育方针，明确自己的权利和义务，知道自己什么可为，什么不可为，要用合理合法的教育理念和方法去培养学生更好地成长是每一位教师要力求做好的。紧接着，由年级主任单柏奇老师面对今年新高考的改革给全体教师做了一次《生涯规划教育》的启动培训，让全体教师知道生涯规划教育要渗透在各学科中，成为必修课是当下势在必行的一项工作。我们要学会拥抱时代的变化，做高情商的老师，热爱本学科，学会恰当真诚的沟通，引导学生巧妙归因，理性地与学生沟通。家校合作，为学生生涯发展助力，具有科学的精神，重视个体的发展指导，整合资源，让学生将梦想变成理想而去奋斗。选课，选考，学会选择。顺势而动，积极稳妥，主动作为，态度将决定一切。

两天的培训紧凑而有针对性，较好地给老师们提出了新学期的新思考和新方向。就让我们快乐生活和工作，做一名幸福的职业人。

2017年9月2日

红魂立德，遵义之旅

——赴红色革命圣地遵义行培训心得

2018年7月23日，海南省农垦实验中学30名党员踏上了去往贵州遵义党员党性教育学习的旅程。午后，三路军团成员到达遵义红花岗龙江酒店汇合。此次参训队伍里有我校的教师党员、职工党员、夫妻党员及退休党员。大家在一起好好学习、天天向上！

响应党中央的号召，继承红色基因，大家准备着撸起袖子加油干。傍晚时分，整装待发，我们的队伍穿上了红军服，整齐的列队走向开班典礼会场，开启红军之旅的模拟演练与实地考察学习。这种形式的学习是我从教22年来，入党22年来，首次遇到的一种党员学习模式，内心既新鲜又兴奋！

没有共产党就没有新中国，只有伟大拼搏才能走向胜利！队伍按要求分为三路军团。我是第一军团中的一员。在军团进行小组合作探索团队口号时，我们根据九位党员的姓和名，确定团队口号是：琼苑明志、乾坤卫国、誓佑中华（有谐音字），呈现满满的正能量。开班仪式结束后，三军团集合，在现场照了第一张红军服的合影。

一、参与现场教学，用行动表达敬仰

此次现场教学三天共走访了六站革命圣地。24日上午现场教学第一站：红军山行。同志们到达凤凰山革命烈士陵园进行瞻仰与学习。在那里，重温齐读了入党誓词：我志愿加入中国共产党……向英烈们敬献花篮，脱帽，三鞠躬。

午时，现场教学第二站：遵义会议纪念馆参观与学习。遵义会议，革命历史的伟大转折！感受着当年革命者为了国家的崛起付出的艰辛，内心充满了感动。鲜艳的旗帜飘扬着，三军的力量凝聚着。女教职工们体会着女红军们的精神，为革命胜利增添不少力量的巾帼风采！大家纷纷在会址前合影留念。

下午，现场教学第三站：息烽集中营之旅。听史述，叹当年，革命英烈精神永垂不朽！看着那让人悲痛的猫洞之景，眼前浮现当年烈士们所受的煎熬，让人情绪低落……

2018年7月25日，现场教学第四站：娄山关之行。党员们在娄山关实地体验射箭与打炮及跨越障碍的训练！端起枪，拉起弓，吹起号角，鼓舞士气，奋勇向前，战壕里的情景体验着实让人兴奋又开怀。老中青、传帮带的老少红军合影秀。载歌载舞，娄山关大捷的实景演出欣赏有趣而精彩。

行走迈步到达西风台，丛山峻岭，地势险恶，西风烈！红旗飘扬感受娄山关战役的战斗现场。娄山关大捷大快人心！让我们齐心合力、努力奋斗，三军共创美好未来吧！

2018年7月26日上午，现场教学第五站：红军四渡赤水纪念园与纪念馆。途经茅台渡口、红星桥、土城赤水河。午后到达四渡赤水纪念馆、陈列馆、四渡赤水战地旧址参观学习。全体党员与带班老师和教官合影。午时，现场教学第六站：瞻仰青杠坡红军烈士陵园、纪念碑。烈日炎炎，在涂副校长的带领下，坚持到达青杠坡顶，缅怀英烈，三鞠躬。

长征二万五千里，毛主席用兵真如神！缅怀先烈，铭记历史，展望未来，为中华民族伟大复兴尽一分心力，相信我们的队伍会在党中央的正确领导下，努力向前进。几天时光里，感谢红魂立德培训机构的带班张老师、邱教官、陶摄影师的尽心安排与陪伴。让我们30名党员能共同到达现场实地考察，感受现场教学。整齐列队行，跟着乐曲中的红歌行走，步履变得轻盈而有力量，这样的体验真真切切地让我们拥有一次值得深思和回忆的红色之旅！

2018年7月26日傍晚，完成学习任务召开了结业典礼。历经三天的军事化训练与体验是丰富而精彩的，让人内心触动颇多。坚定革命信念，迎接新高考新形势变革，真心实意为教育事业尽心尽力，我们在前行。结业典礼最后环节是军团用歌舞表情怀。在平政山姑情缘舞台，三军分别展演，合唱红歌，诵读诗词，美妙歌声飘扬暖人心！

二、红魂立德，重在端正观念与认识

教师职业，教好书育好人是本分，如何尽最大的努力，以身作则，身正为师，行为示范是当一名好老师的高尚要求。作为党员教师，做好自己，立德树人，注重言行举止，成为表率是党对我们的要求。这次党员现场教学的培训学习，行走革命圣地，让思想获得一份真切的洗礼，对先烈们表达敬佩之情之外，更重要的是希望党员们能在日后的生活和学习中内化思想和行动，更好地发挥党员的带领作用。

不忘初心、牢记使命，美好的时光，快乐的旅程。党的光辉照万代！我想我一定会力求做好自己，以一名优秀党员标准要求自己，坚定信念，共同为构建更加美好的未来而尽份心力！

2018年9月1日

生涯之学，乃应变之学

——参加生涯规划师岗位培训学习心得

生涯意识唤醒，兴趣是最好的老师，能力提升宝典，大学面面观，升学路径选择与实现，生涯问题应对，遇见未来的自己，做自己人生的导演，做自己梦想的实践家……

此次学习时间不长，仅完整的三天时间，但是学习的内容是一堂堂非常系统而相连贯的生涯课程。对于我来说，也是初次如此系统地从头开始学习生涯课程。虽然只是初级班的生涯探索，但此次是一步步很完整的系统学习和感知。这两年学校领导让我尝试带领着部分青年教师和班主任在探索这项工作，自己仅仅只是根据自己的一知半解和多年在省工作室里的学习经验，然后边学边走与老师们一起落实开展这项工作。听完这三天的课程，知道自己走的方向还算准确，没有偏离。但是相比较而言步伐慢了许多，大都市的学校生涯工作已经走到了第五步，我们学校当下还只在第二步研究中，内心有份焦虑感。

非常欣赏课程中专家田园老师说的一句话：人生没有规划的叫拼图，有规划的叫蓝图，没有目标的叫流浪，有目标的叫航行。每一位师生如能通过生涯学习，被唤醒后的样子应当是：知己，知彼，有勇气行动，能够开始为自己负责的表现状态。当前新高考改革形势下的中学校园，学生要面对的选科选课，今后要面对不仅仅是以分数来招考生的局面。要让学生明白如何选专业、选学校、选职业，让自己的知识、技能、兴趣、性格、能力和价值观都能达到最佳的匹配度。

课堂上专家老师特别提出，中学时期孩子的心理问题存在，许多时候是因为自己的生涯问题没有解决好，学习和生活没有方向感，或者是不明确，成就感不强。如果能帮助孩子解决生涯规划的问题，通常许多心理问题也就都不存在。学校时常会存在一些"三Mang"的师生（忙忙忙、茫茫茫、盲盲盲），这三种情况分别被称为"陀螺型""混沌型""僵尸型"。如何让大家都能懂得生涯教育和规划的核心理念就是要学会了解内在世界，了解外在世界，制订目标并行动，把自己放在最适合的位置上非常关键。生涯教育需要教给学生一种方法，一种认识社会的恰当态度。

生涯教育的重要特性告诉大家，选择的方向性很重要，方向有时比努力更重要。而且，现今时代的社会要求中，强调的不再是短板理论，而是讲求长板理论，要努力发现每一个体的闪光点，发挥其优势智能，选择有学科特长和创新潜质的人才很普遍。要教育学生不做U盘型孩子，而要学会接纳当下，力求做创新型孩子是时代发展的趋势所在。生涯之学，乃应变之学，要学会恰当认知、适应、平衡、匹配。当下，许多师生会存在三方面（兴趣、能力、价值）的不同困惑。有些师生在开展工作和学习中通常表现三种情况是：喜欢能做但得不到领导或老师的重视的失落状态；有兴趣、有重视但没能力的焦虑状态；有能力、有价值、没兴趣的厌倦状态。作为学校管理者和教师，面对这三种情况的人员建议要区别对待：①学生谈没兴趣时要通过沟通，帮其找到兴趣，通过多方面的协助自我探索，帮助学生发现并提高学习动力，找到主次平衡，有些兴趣可以当成业余爱好和特长来发展。帮助学生适应当下，面对已经选择的东西，提高认知选择适应和调整。②能力欠缺的要帮师生接纳，降低期望，同时协助选好参照物，恰当给予参照物引导，帮助学生行动起来，杜绝拖延和被动。③价值没获得重视和体现的，帮助其理解自我失落感在哪个层面，帮助他们找到自我满足的价值认可和需求，学会自我掌控和调节。

课程里，研究专家提出，当前的教育不仅要因材施教，还要能因势施教。因当前的形势变化而关注人才的培养方向，因当前社会行业的需求而引导人才的成长路径。

总而言之，生涯教育对于当下学生来说迫在眉睫，它是一项系统工程，如果从小学到大学都从教育体系上重视它，国家的人才培养将会获得更大的突破。基于三天学习，结合我校情况，个人给予的一点建议和意见如下。

（1）在落实班主任系列生涯班会的前提下，以班主任为核心，生涯工作组人员协助，组织班级学科教师共同研讨班级每一位学生的学科兴趣、技能、性格及价值观的培养计划。尽可能让每一位学科教师能联系所教班级5到8名有学科兴趣学生进行帮扶指导，相信培养更有针对性。

（2）2018年3月开始，学校要组织一次生涯教育主题活动，由每一门学科教师探索研究本学科与生涯教育的联系。由教研组长负责，挑选一名学科教师备好一堂学科与生涯的示范研讨课，成熟的课统一进行展课。力求学校不仅成为一流的学校，还能成就一流的学科教师。

（3）学校的综合实践课和研究性课堂要充分结合职业、行业的形势，多关注不同侧面的生涯规划内容。学生的社会实践活动要有组织，同时要鼓励自主参与行业体验，多渠道了解自己兴趣与志向的联系。学校可邀请一些表现突出的行业人物到校引领，给予感观认知。

2018年1月19日

做一名德育意识自觉的老师

——参加2019年校本培训学习心得

2019年8月29日上午，学校邀请上海华中师范大学文新华教授到校进行《落实学科教学中的德育，提升教师德育能力》主题讲座。已经拥有49年教龄的文教授，面带微笑，娓娓道来的语言，认识具体而有深度，观点表达中肯又突出，聆听这场报告，令人受益匪浅。立德树人，德才兼备，德行天下，培养德智体美劳全面发展的有用人才，这些理论文稿中常见的句子，如何能在实践中落实，如何能让孩子们学会，文教授深入浅出、富有操作性的建议给到老师们，聆听完，让人内心涌起的是一种富足感。

这场讲座令我体会深切的就是他从理论和政策角度出发，谈到教师要做一名德育意识自觉的教师。教师职责是教书育人，那教书如何育人？教师们要明确，生活中时时处处有德育。教学上的高手与德育能手契合才能算得上是一名优秀的教师。德育，教学中有，有效教学中需要，教学是德育的重要路径。德育无处不在、无时不有。如何在教书中育人，这是要探讨的大问题，要做深做透才有效果。教学和德育不是两张皮，应当是有机的结合体，如果90%的学习中没有德育，仅靠10%的时间来另外进行德育，这是不妥的。文教授提出建议，学校的工作安排中，关于德育不能只是德育处进行讨论，而应当是教务教研都要一起讨论，教研组也要探讨学科教学中如何落实德育教育的问题。另外，老师们在研究教学时，要研究德育教育内容的落实，学生在学习活动中，如何想学、乐学、会学、治学，让学生的学习和品德成长不是两张皮。希望老师们知道高考成绩不是终点，为国家培养栋梁之材才是关键。

文教授告诉大家，教书育人要关注以下几方面内容。第一，激发学习动力：科学处理学习的二元动力，引导学生想学、乐学、会学；第二，学习能力培养中的德育：关注优良学习品质的培养；第三，促进学会学习与学会做人的统一；第四，在指导学会创新中培养学生形成创新人才的品德特征；第五，挖掘学科内容的德育功能。

首先，要抓住学科中的领头羊进行培养，关注学生的品德，建设好班风学风，让学生给自己定下目标，激励学生永远带有希望，促进和激励学生的成就意识很重要。每位老师都应当争取做一个最善于激励学生的老师，而不是让学生看不到希望的老师。燃起学生的学习希望，化责任意识教育于无形的教学与活动中。优秀学生的共性特征通常体现的就是拥有很强的责任意识。而学习成绩不好、表现不好的学生，共性特征通常就是需要提升责任感。帮学困生要先帮其树立责任感。责任意识是兴趣和学习的重要来源。教书育人不要用说教去引导学生，而是要用榜样。建议可以评选责任意识标兵，评选出来后可以把事迹张贴在校园明显之地，体现榜样的示范作用。另外，还可以校社互动，基地考察撰写调查报告等，在班级里交流调查报告，就是一种责任意识的唤醒。学校可以把学生的调查报告存档，之后可以成为经验去引导学生。相信那些想报答父母和回报社会的人，一定会发愤图强。教学中要培养学生的进取心、信心、静心、细心、虚心、专心、恒心。形成优良的学习品质很重要，教会学生如何安排时间，如何有独立的见解，如何面对困难很必要。

其次，在指导学会创新中培养学生形成创新人才的品德特征。学生在学会创新的过程也是掌握积极的价值标准的过程，创新需要发明，但发明不等于创新，创新是积极的、有益的改变。

最后，还要培养学生积极进取和奋斗的人生观，以正确处理"义利关系"为核心的价值观，言利而不忘义、创利而不违义、获利而不舍义，自信、自强、自尊，相容合群、挫折承受性以及科学研究的人格。教书育人需要挖掘学科内容的德育功能，以人文社会科学、艺术类学科为主要平台，力求重点突破思政类校本教材的建设。

综上所述，做一名德育意识自觉的教师，在教书育人中将德育进行到底，落实到位，这是此次文教授的讲座带给我们思想认识上的一份认知与收获。

2019年9月2日

选我所爱，爱我所选

——参加2020年暑期校本培训学习心得

2020年9月6日，金秋九月，新学期开学，我校举行了为期两天的暑期校本培训讲座。邀请了琼中湾岭中学的校长包瑞主讲《在农村教育的困境中突围》，学校职业班主任李明国老师主讲《"四化"建设推进班级学生自主治理》，浙江省历史特级教师、十佳师德标兵李凤遐主讲《师爱如灯，照亮幸福人生》。三场精彩的报告中，最令人感动的是李老师的这场报告。聆听学习之后，内心充满了力量，眼中闪烁着泪花。李凤遐老师在报告中呈现德国文学家赫尔曼·黑塞的一句话："人生义务，并无其他。仅有义务，就是幸福。我们都是为幸福而来。"是的，我们都在寻找幸福的路上。

李凤遐老师开场的一首自作词的"幸福在哪里"的歌曲清唱，唱出了她内心的情感，唱出了众人的欢愉，吸引了全体教师的注意力。李老师睿智、率真而风趣的谈吐，精彩案例的讲解，渊博的学识魅力极富感染力，会场不时爆发出阵阵热烈的掌声。李老师的感染力，李老师的激情，深深地打动了我，也打动了在场的所有教师。这就是一位真正有教育情怀的优秀教师。她的激情让我感受到了我所选择的职业正确性，她不仅仅传递给我一份关于职业的正能量，还有关于生活、关于生命、关于婚姻、关于教育孩子，李老师身上散发出的正能量真的太多太多。

李凤遐老师告诉大家，她当教师与班主任的收获与体会，表达了教师正是因为有了一份责任，因此多了些激情与追求；把讲台当作是一方舞台，因此多了些机遇与才干；把课堂教学当作是一种历练，因此多了些智慧与感悟；把育人当作是一片奉献，因此多了些价值与崇高；师爱是一段精彩，因此多了些欣慰与回味。她告诉我们，要用"非常6+1"的师爱感动学生。要懂学生，要爱学生，因为当老师是一场盛大的暗恋，当我们费尽心思去爱一群人，最后却只是感动了自己。要体会那种"学生虐我千百遍，我待学生如初恋"的感受，这种需长年坚持的，难度极大的挑战实在是不容易，但是选择了教师这份职业，我们就要尽力去做并力求做好它。

现代学生对精神理念、尊重理解、人格关爱等情感上的需求，较以往学生更加强烈。我们要争取平等互敬、激励鞭策。教育的温度就是让每个学生都享受成长的快乐，让每个学生的精神生命能够自由呼吸，要用喜悦的笑容去赞许学生们的每一点成长，用欣赏的目光去关注学生们的每一个亮点，用期待的心情去等待学生们的每一点进步，用宽容的心态去对待学生们的每一个过失。教师生涯的最高度，就是享受到属于自己的职业幸福。我们要以快乐的心情去工作，以工作的心情去生活。因为爱，所以爱，选我所爱，爱我所选！扎扎实实地去做好自己能做的事情，让自己在寻找幸福这条道路上走得愉悦顺畅。

2020年9月8日

04

第四篇

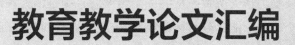

教育教学论文汇编

高三学生常见心理问题分析调查及应对

一、案例简述

考生：离高考只有两个月了，学校现在是五天一大考、两天一小考。我们越来越害怕，我已有好几次考试成绩都很不理想。以前，我的各门学科成绩在班上还可以，可现在一降再降，越滑越厉害了，我快撑不住了，我该怎么办？呵，活着真累！

二、分析与调查

这个"累"字从一个角度可以理解为学习任务重、复习时间紧迫、体力及脑力透支所致。从另一个角度看，则是因为考试的焦虑所引起的。焦虑是个体在未能达到目标前或面临自觉难以逾越的障碍时，产生的一种紧张不安、略有恐惧的情绪状态。如果说这种焦虑是在一定的应试情景下激发，则为考试焦虑。很多考生未考前便对考试的结果过分担忧，有的在考试前或考试期间出现失眠、头痛、胃肠不适、心跳明显加快，还有多汗、尿频、呼吸紧迫等症状。而有的考生在考场上表现惶恐不安、草率回答、记忆好似空白等现象都属考试焦虑的表现。

学生考试焦虑包含三种成分，其中之一是认知成分，以担忧表现为主，是因为消极的自我评价或他人的评价形成的意识体验。这个案例中，学生的焦虑恰是因为一种不正确的认知及周围过分的关注而导致。模拟考试固然重要，但由于影响考试成绩的因素是多种多样的，所以不要因为考得不够理想便过分消极和担心，更不能因此而影响自己的认知，变得没有自信或让消极的认识固化。这种消极的自我暗示将增加考试焦虑，结果必然影响下一次的应考能力。

　　另外，对名次的依赖心理，考生在多次的考试排名中养成名次为上的心理，在他们的潜意识里，认为这种名次上的升降将直接影响高考成绩，某些学生甚至通过名次才能获得自信。家长和老师应及时引导考生认识到名次的升降是正常的，关键是你能否通过每场考试取得一定的进步。

　　面对一个决定人生奋斗目标的重要考试要说不紧张、不焦虑是不可能的。但是过分的焦虑必然影响考生应考的心理状况及身体状况，导致不能正常发挥的结果。因此，建议考生临考前可做一次考试焦虑的程度测评，如果焦虑程度达到中度以上，应当寻求心理学的帮助，分析造成过度焦虑的原因，这样才能及时减轻不必要的焦虑情绪。

　　我曾面向我校高三生进行了一次抽样调查，抽取了一个重点班，一个普通班进行焦虑值问卷测试，结果统计分析如下。

焦虑 等级班级	正常值		轻度焦虑		焦虑明显		严重焦虑	
	男	女	男	女	男	女	男	女
高三（1）班 （68人）	16	4	14	5	9	8	3	0
总人数	20人		19人		17人		3人	
高三（4）班 （62人）	15	5	8	10	8	10	2	2
总人数	20人		18人		18人		4人	

［注：高三（1）班有7名男生、2名女生没有参测；高三（4）班有2名男生没有参测］

　　调查中高三（4）班是重点班，有效问卷60份，高三（1）班是普通班，有效问卷59份。高三（4）班男生有33人，女生27人；高三（1）班男生是42人，女生17人。测验卷统计后，男生分值在30以下的为正常值，女生在26分以下的为正常值。从抽样列表中可以看出，我校考生在中度焦虑值以上的学生中高三（4）班有22人，占37%，高三（1）班有20人，占33%，显然调查结果中，重点班考生的焦虑值要高于普通班考生。

　　高三（4）班中度焦虑值以上的男生有10人，分值占男生总数的30%，女生中度焦虑值以上的有12人，占女生总数的44%，而高三（1）班男生中度焦虑值以上的有12人，分值占男生总数的29%，女生中度焦虑值以上的有8人，占女生总数的47%。因此，从调查结果显现，我校女生中度以上焦虑人数比男生人数所占比例高。

三、积极应对

考生要坚信自己的实力，找出潜在问题，"对症下药"，在老师、同学的帮助下查漏补缺，改进学习方法，安排好重点复习计划并有条不紊地执行。另外，适度调整高考预期目标。在最后一个月的复习安排中，每一阶段制订一个切实可行的小目标。只要考生始终坚持为这些务实而又连续的目标而努力，肯定能在高考中取得理想的成绩，这比关注名次的升降强一百倍。

教师应在尊重学生成绩的基础上，和他们探讨如何巩固和加强优势学科，改进和提高一些成绩比较差的学科。最为关键的是，要合理地看待学生发挥失利的个案，不要以偏概全，区分一时的失误与全面的挫败，以免导致学生丧失信心；更不要横加指责，指责不仅难以激发内在动力，而且会引发自己的情绪波动和心境低落，造成恶性循环，成为对高考生持续性压力的来源。

有效的减压方法很多，简单地选择一些适合自己的轻音乐，放松自己，减少紧张感。另外，注重脑科学，学会健康用脑可以在无形中帮助减压。很多时候，压力是在过度用脑导致学习效率低下过程中产生的。另外，通过学习考前应对的必要知识或者是进行咨询辅导来帮助减压都是切实可行的方法。

2013年10月

心理健康教育课堂有效实施的探索

——关于《爱情来袭——也谈花季恋情》送课活动引发的思考

一、因时应景选主题，把握学生的脉搏贴近人心

每堂心理健康教育课因时应景选主题很重要，确定主题后定个好名字也很关键。主题可与近期发生的生活事件联系起来，让学生有感性体验，也可针对当前大多数学生面对的具体情况，对"症"下"药"就容易引发学生学习兴趣。比如，此次送课活动的主题确定就非常明确和具体，探讨的话题符合高三学生的年龄特点。切入口开得小，针对性强，关注学生的困扰，能走入学生内心，是一堂有效因时应景解决学生成才成长中所关注的问题，从而达到缓解焦虑、增强自信的心理课。

由此可见，我们在探索课堂的有效实施途径时，需要充分考虑起始年级学生所需设计的是什么课题，与其他年级所需有何不同等。不同时间段选择设计和安排不同的课题，贴近学生所需所想，由此来体现课堂的针对性，反映学生的心理需求，这样一来，心理课就成功了一半。比如，在起始年级设计环境适应与学法指导，自我意识和自信激励，在毕业班级设计考试焦虑调适和人生规划等。

结合此次送课活动反思，我校心理课编著的高一团辅教程课题，其中共八个篇章二十六节课，针对高一新生入学开始的适应到自我意识、自信激励、学习管理、意志调节、人际交往、情绪调节、人生选择等八个篇章的设计，环环相扣，随着学生在校学习的认识加深和内心所需，层层深入，各篇章再细化主题，如在人际交往篇中有关异性交往的话题中，确定课题为"青春红绿灯""爱是一种责任和能力"等，使问题切入口变小，课堂学习更有

针对性，探讨更为深入，在具体的教学实施中尽可能合理设计和安排课堂，使得学生能在成长的道路中理清思路，恰当思考，促进学生在学习文化科学知识的同时，通过心理健康教育课堂获得自我调适，缓解心境困扰，加深认识，增强心理素质，为成为社会具有良好心理素质全面发展的有用人才而努力。

二、体现多元化的课堂操作，围绕主题精心设计课堂

在实际教学操作中，心理健康教育课堂需要有自己学科的特色，每堂课要体现出"活动+体验+分享"模式。可结合多媒体音频、视频等，设计相应的热身游戏、角色扮演、小组讨论、情境演示、分享总结等各环节。从多方面彰显特色突出心理学的味道，但要结合主题设计，不能刻意为之。否则，会造成学生一开始很有新鲜感，参与性颇高，但时间久了，渐渐产生只对活动游戏感兴趣而不愿做深层次思考，这就不能达到实效性。因此，如何使课堂在学生获得快乐的同时能收获更多的体验促进成长才是关键。

此次送课的课堂，导入环节通过简单的游戏"抓鼻子、抓耳朵"，让学生分享游戏感受（混乱、有目标但无法控制行为、纠结等），以此作为切入点。生活中的确有一些让我们感到苦恼的事。然后呈现案例《考生的烦恼》和《家长的担忧》。游戏活跃课堂气氛的同时，通过案例自然引出课题——高三毕业生该如何应对情感问题。这样不但使学生迅速进入学习的兴奋状态，也为活动目标的达成创造良好的开端。案例分析：他们该何去何从？（三组案例，全班分三个小组，每组承担一个问题，小组讨论互动后，再进行全班共享），最后教师分享"爱情三角"理论，帮助学生理解激情、亲密和承诺三个成分的组合才是恒久爱情的真谛。

这节辅导课没有对学生学习方法的具体指导，而是通过同伴互助的形式解决认识上的问题。知的问题解决了，情、意、行的矛盾随之就会化解。学生在课堂上的讨论和问答以及老师在课堂上的回应都较为到位，整节课从学生参与课堂的神情和关注的目光及时常表现的掌声中都能体会到这一点。

事实上，要做到这些无须多么高超的技巧，需要的是用心去琢磨，善于学习，敢于创新，所谓"处处留心皆学问"。我在实践教学"人生选择篇章"里曾设计过一堂"我的未来不是梦"的主题课，其中就让学生在课堂中排成两队列坐下，然后每位学生依次以T台走秀的样式设想走在人生路上，让学生随音乐体验"精彩人生，走过来……"，让学生在走的时候体会自我感

受，同时也让学生在互相观察中发现自我的自信度以及在特定时间和空间里的自我表现力，通过讨论互动，使学生发现自我的同时，更好地调节和完善自我。而在学习"规则 责任 生命"的课题中，通过场景布置，让两组同学模拟生活中车辆驾驶呈现交通状况的小游戏，让学生在课堂中直观地体验到规则、责任和生命的关联和重要性。而在"意志调节篇章"里，通过观赏心理访谈电影《隐形的翅膀》片段，来让学生理解体会主人翁生命的顽强和意志的坚定，使得自我内心有所触动和感悟。这种多形式的教学课堂通常能令人耳目一新，学生乐于接受与参与，课堂效果也相对较好。

三、关注集体留心个体，注重恰当认识的引导是关键

中学班级学生人数普遍在五十左右，这种情况下，多数学生一些深层次的心理需求、冲突往往不容易显现在课堂上，通常需要心理教师透过课题留心观察，做到关注集体留心个体。

送课中，关于花季恋情这个话题，学生在面对高三时期的恋情是应当结束还是开始？课堂进行中在前一个环节案例的讨论和分享的基础上，顺理成章地提出如何应对基于不同出发点的高三恋情这样一个问题，目的就在于澄清学生对高三恋情错误的认识和态度，了解恋爱的利弊，做出利于学业进步和身心健康的选择。教师要让学生懂得回归自我，澄清态度，在听取学生各小组不同的心声后需要集思广益，给学生提出高中生面对情感的N个思考？最后，无论学生持什么样的态度和认识，课堂中教师的分享呈现了以下几条寄语。①高三，为了爱，暂时不爱！②不是不能爱，不是不该爱，怕只怕，这时的爱也是一种伤害。③别在十八岁路口为八十岁的生命定格。④从来都是以甜蜜开始，以促进学习为理由，结果呢？⑤你是否知道从男孩到男人有多长的距离呢？宗旨在于让学生明白接纳高三学生情感出现的合理性和必然性，需要恰当引导学生认识青春期的恋情，理解真爱需要等待。

积极正向的心态引导、恰当认知的提升是有效心理课堂的关键。不同主题课堂中，每位学生的生成信息通常能突显一些自我的内心色彩，心理课的有效性就要不断地关注这些信息，有针对性地加以引导，使学生的认知获得更深切的体会，从而让心理健康教育课堂也能更加具体地呈现出真实有效性。

2013年12月9日

转变学习方式，促进学生健康成长

　　学校团体心理辅导活动课的开展是促进学生心理健康、快乐成长的有效途径之一，然而有不理解团体课的老师们疑惑地说："团体课就是玩，能学到什么啊？"一堂团体心理辅导活动课的标准是不能简单地用好、坏两个字来衡量，它不同于其他的学科教学。因此，如何上好一堂团体心理辅导活动课是我目前正在思考和研究的问题。团体心理辅导侧重于"知、情、意、行"，侧重在学生参与活动中从学生的行为表现来发现问题、解决问题，渗透心理辅导，达到预防的目的。通过活动挖掘学生最真实的心理体验，在实践中可以有效地促进学生的心理健康，使其快乐成长。

　　随着素质教育从一种思想观念变成具体的行动，学生的心理健康问题已受到越来越广泛的重视。团体心理辅导作为德育的辅助手段，目前已经得到了更多人的认可。利用团体心理辅导帮助学生解决学业压力、人际交往、师生关系等方面的问题，满足学生的心理需求，缓解学生学习焦虑，让学生在课中感受快乐是当前我校开展团体课的一个目的。我自参加2007年6月省里举办的心理团体辅导活动课程培训班学习，收获感触颇多。如何积极落实海南省对中小学推广普及心理健康教育知识的要求，倡导学校尝试新的心理教育模式，开展团体心理辅导活动课是笔者秋季的一个思考。尝试在新生年级开展团体辅导活动课程，本着"以人为本"的主旨，力求突出学校特色，调动学生心理潜能，让学生在参与实践中不断挖掘心理教育的内涵，达到助人自助的目的。因此，如何在转变学习方式中备好课、上好课是当前作为心理辅导活动教师需要思考的问题。

一、力求辅导目标明确，团体辅导活动程序具体

　　生活是最好的课堂，我们辅导的对象是一个个有思想、有感受的个体，

学生如果在亲身体验中受到触动，感受到彼此间行为的差别，他就会主动去辨别、去思考、去选择，最终根据实际情况做出自己认可的判断，实施一定的行为。正是因为建立在学生亲身体验的基础上，因此在行为实施中如果遇到困难，学生就会积极地去应对。辅导目标不是凭空想象，而是根据学生的年龄特点、班级特点以及生活中的实际问题来设置的，只有这样，才能让团体心理辅导课更加有针对性。

团体辅导活动课的通常活动步骤为：热身活动发起阶段—问题探究阶段—收获汇集阶段—尝试实践阶段—自我设计感悟总结阶段。我曾在高一年级一堂团体辅导活动课中组织课题为《人际互识》的一节课。开始的热身活动叫"马兰花开"。活动程序是让学生通过数字5、8、10的组合主动伸出友谊之手，把班级同学分成人数相对均衡的几个小团队，通过协调男女比例，把各班级同学在"马兰花开"这样一个活动里快速地形成几支拥有兄弟姐妹，类似于家庭成员的小团体。接着在第二环节互动活动"滚雪球"中，用自我介绍的方式，让团队成员们相识交流，尽快缩短新同学之间的人际交往生疏局面，要求团队选出一名队长，并同时通过组内商量给自己所在团队起个响亮的名字，组内每位同学在规定的五分钟时间里快速记住本队全体同学的名字，最后介绍的那位同学要代表团队，站起来向全班介绍他们小团队所有成员的姓名、兴趣爱好，不可依靠资料笔记。表述没有遗漏，说得准确具体流畅的小团队获胜，而表述记忆不完整的小组要表演节目。活动开始，同学们非常兴奋地展开了交流，小团队间互相表述交流帮助最后一位代表发言的同学进行识记，分成的小团队名称有"农垦小太阳队""我最闪亮队""蓝色水晶球队""大小胖队""OPEN队"等。

首次团体活动充分体现了辅导课的主要目的：让学生在参与中交流、相识，尽快适应新环境、新集体。通过检查同学课后的笔记感悟，绝大多数同学都陈述在活动中变得轻松开朗，而且也认识了班里的更多同学，感到非常高兴！这次活动使学生在心理上缩短了新同学之间的心理距离，为日后学习互助打下一个良好的基础。

紧接着，第二次的团体课程目的要求是学会学习适应，因此设计了"群策群力"活动。在一开始热身活动里则进行小游戏"大风吹"，要求各个小团队快速集合在一张课桌前，围成圈进行"头脑风暴"解决问题活动。我设计了学习方面和生活方面的多个问题，如怎样提高写作能力？如何成为一名乐观愉快的人？等等。这些问题让小团队代表抽取题目进行团体讨论，集思广益，调动团体力量获取多种答案，思考合理性与不合理，然后再让各小组代表把意见反馈，最后让多个问题在不同小团体里互相交流。结果就应了那句话：你有一种思想，我有一种思想，我们互换就彼此收获两种思想。中学生在人际交往、合作、自我认识方面有着不同层次的认知偏差和心理需求，通过团体辅导这样一种实践参与的活动，可以较好地让学生从思想上的认识落实到行动上的实践参与，对学生的生活和学习是具有良好指导意义。

一堂辅导活动课目标的确立要来自熟悉的生活，来自身边发生的事件，只有真实、符合生活实际的辅导目标才是打开学生心灵第一道门的钥匙，才能让辅导活动更加有实效性，起到指导的作用。确立辅导目标，引发讨论，形成新的认知或体验，最后所产生的感悟就是水到渠成的事情。团体心理辅导活动课是一门特殊的课程，注重的不是知识的传授，所关注的是学生在实际生活中出现的情感、情绪的心理波动，针对出现的问题寻找解决问题的办法。因此，辅导目标的确定是整个团体心理辅导活动课的核心。我在设计团体活动目标时把本学期的课程按四个篇章来设计。第一篇：环境适应篇；第二篇：自我认识篇；第三篇：自信激励篇；第四篇：情绪调节篇。其目标明确，层层深入，有针对性地自编校本教程，设计学期课时计划、活动方案等。

二、争取辅导活动专业化多样化，促进学生"知、情、意、行"统一

团体心理辅导侧重于"知、情、意、行"。在团体心理辅导活动课的实践中，如果能通过设计有效的多元化的活动来促进学生的心理健康，使其快乐地成长，就达到了心理辅导的目的。在充满理解和支持的团体氛围中，尝试各种选择性行为，探索自己，学习有效的社会技巧，培养信任感和归属感，可以说这也是我们每一个个体都应当具备的技能。

一堂有实效的团体心理辅导活动课，活动的形式应该是根据活动的具体内容、目的和学生的年龄特点而定。课堂上通过创设一种轻松交流、积极探讨、快乐做游戏的氛围，在不同辅导目标的团体心理辅导中采用不同的活动形式，如头脑风暴、心理短剧、角色扮演、情景模拟、讨论沟通、行为训

练、心理测试等。在活动中，还可以融入音乐的元素达到放松辅助的效果。另外，借助必要的专业理论知识支撑团体心理辅导活动课，体现课程的科学化、系统化，让学生在理论和实际相结合的学习过程中感受团体辅导活动的魅力。恰当、灵活地把心理理论和学生实际进行有机结合，这样会使团体心理辅导活动课更加专业有趣，也更加有实效性。比如，第二篇课程中有一课"人无完人，珍惜自我"，我在"照镜子"互动活动进行后设计了一个猜谜活动，问学生在生活中有一种"镜子"能随意看出自己的美与丑、快乐与痛苦，请问是什么？答案是心境。而心境是心理学知识的一个专业名词。

　　另外，心理学研究中有一种理论叫埃利斯的ABC理论。心理学家埃利斯认为：人的情绪不是被事情本身所困扰，而是被其对事情的看法所困扰。A代表诱发事件，B代表个体对事件的看法（信念），C代表个体的情绪反应和行为结果。这看似简单的道理用讲解或者理性分析的方式告诉学生，学生可能并不好理解。而通过活动"我的五样"，让学生写出自己珍贵的五件东西，然后因为在碰到突发事件的时候要依次放弃，看学生最后留下的一样是什么，让学生谈心理感受。最后再给学生用ABC理论来归纳说明人在认识自己内心通常要受到外在事物的影响，而最终能影响自己的又是自己的选择和判断这个理论说法。灵活地运用心理理论，把其变成符合学生认知的辅导语言、辅导活动，触动学生的内心，指导学生获得更深层次的体验和感悟，从而学生在活动中也就可以获得一些必要的心理知识。

　　我正是通过活动"我的五样"来让学生认识自己人生目标这个话题，生活在面对选择的时候如何清楚地认识到什么是目前心中最重要的，目前最需要付出努力的东西，深刻的思考要付出多少的努力才有可能获得自己最重要的东西，或者是走向自己最需求的目标。多种形式的活动式教学，目的就是让学生学会参与并感悟，然后在感悟中学会成长。具体从学生的参与和课堂表现来看，学生在这样的辅导课上都能较好地明确学习的目的，认真记录笔记，深切领悟老师设计的活动目的，写下自己的感悟。有位学生在笔记中这样写道："从来没有想过自己心中最重要的东西是什么，在老师要求的这个活动中让我看清了自己的内心，而在取舍中发现自己最舍不得的竟然是亲情，心里不由得在想，父母对我那么重要，我平时为什么还总是要惹他们生气呢？想想真是不应该！"还有位同学课后对笔者说道："老师，太残忍了，我什么都想要啊！"而有位同学舍弃了其他最后留下的是财富，课后他告诉我说："老师，我认为有了财富就什么都有了！"还有同学说最希望达到的目标是一生身心健康平安，有的说是环游世界，有的说是要成就一家企业，等等。活动进行到最后，我让学生谈的是自己将付出多少努力来获得自己所追求的目标，同时让学生明确知道自己将如何对待并保护自己心中最珍贵的东西，最终促进学生在活动中的"知情意行"相统一。

三、注重辅导活动的评价和指导，让学生在学习中获得认同感

心理学研究表明，团体对一个人的成长与发展有重要的影响。中学生正处于身心发展阶段，有共同要面对的成长困扰问题；成长中的学生更关注同伴对自己的评价，更容易接受来自同龄人的建议。因此，让团体心理辅导活动课更加有针对性、实效性是解决学生心理问题的关键所在。

我认为，对自己的定位应该不是学科教学中的知识传授者，而是对学生进行心理辅导的引导者和帮助者。教师此刻的身份不仅仅是为人师表，更是辅导者、发现者、倾听者。学会发现学生在活动中的问题，尝试积极关注地听学生倾诉、交流内心的体验，巧妙地引导学生形成正确的认知是我们每个心理辅导者对自己的角色定位。准确把握自己角色的同时，更需要体现的是语言的运用。如"这是你的想法，很高兴你能和我们分享；你的收获中不仅有快乐，还找到了方法，真好；这是你认真思考后的想法，我们尊重保留你的意见，不过别人有和你不同的想法吗？"等。多运用鼓励性语言，这样的评语带给学生的会是一种分享和交流的感受，在这样的感受中更容易形成共鸣，感受真诚，大胆地说出自己内心最真实的想法。因此，只有真实、适度、丰富的引导性鼓励语，才能让学生获得更多的心理体验。在实践中，我们通过阶段性地回收学生笔记来了解学生真实感受，再通过点评学生所写感悟来形成与学生的沟通和交流，尽最大的可能来帮助学生提高认识、提炼感悟地完善自我！

另外，在新形式的教学活动中要充分体现团队互助和互评给学生的切身感受。我在互动活动"我的十二行诗"课题进行中，要求学生创作用"我"字开头描述自我的十二行诗，然后要求学生把写下诗句的笔记本互换，每位同学针对该同学所写的诗句写下自己的评语，其中要求在小纸片上写出评价要以赞美为先，然后提出意见和建议。借助这样一种方式让学生通过交流评价感受，体会一种认同感。然后懂得把自己的认识和别人的意见建议在生活

实践中修正完善，塑造一个更好的自我。仔细阅读学生所写所评，发现学生在活动中都能真实地认识自我、客观地分析他人。团体心理辅导活动课不仅是一个循序渐进的辅导过程，还是一个提供空间，让学生感悟、思考、比较、自我评价，不断成长的过程。

通过一段时间的课堂实践，我更深刻地感受到团体心理辅导活动课在中学课程中开设的必要性，紧接着将会更加积极探索、拓展心理辅导活动课的空间，用积极的态度关注团体心理辅导活动课，用发展的思维方式去探索团体心理辅导活动带给学生的影响，设计探讨更多能促进学生身心健康的辅导活动课题。在不同的学习方式中让学生换一种角度看问题，换一种态度去学习。让学生在活动中学习，在活动中体会，在感悟中快乐成长！

2014年6月

让自信留于心间，让行动表现自如

——一堂关于"自信激励"的课堂

电脑视频上播放着邰丽华与同伴们共同编导的舞蹈《千手观音》，乐曲在教室里回荡着，学生们陆续走进教室，欣赏着我这周课前播放的这段视频。学生们边看边按自己的团队坐在座位上，七嘴八舌地评说着这个优美的节目。上课铃声响起，节目恰巧放完。学生们的目光转而注视着我，我微微一笑面对大家问了一个问题："你们知道这些舞蹈者都是什么样的人吗？你们知道她们的展示代表了什么吗？"接下来学生们的回答让我很满意。

这堂课我用了这样一个视频目的是让学生知道，一个人只要内心充满自信，有了勇气，她就能像充满着氢气的气球一样快速地提升，就能把生活中的不可能变为可能。邰丽华这群特别的舞蹈者正是这样的自信而充满希望地展现着自己的人生。相信我们当今健康快乐的中学生只要愿意，一样也能快速提升，让自信留于心间，让行动表现自如。

一、故事思考：大象为什么不再挣脱

故事《身上带链子的大象》讲述的是一只小象小的时候被铁链拴在木桩上，不断地挣脱可没有力量，多年过去了，小象长成了大象，它一样还被那根小铁链拴着，可大象没有再挣脱了。这个故事听完，我问学生："大象为什么不再挣脱呢？"他们思索后纷纷都说出了自己的想法，说大象因为习惯不想挣脱，说大象以为不能挣脱了……我反问说："大象真的不能挣脱吗？你们有多少人会如大象一样在学习中、生活中认为自己就是这样不能再改变了呢？"课堂上多数学生听了这话笑了笑，他们明白了我的用意就是让他们要跨越自我内心中的一份障碍，要给自己的内心注入力量，注入自信元素的道理。课堂活动中，我鼓励学生跨越内心的思想定式与束缚，勇敢自信地到教室中场来展示他们的多元突出智能，大多数学生能主动走出来，践行着让自信留于心间，让行动表现自如的做法。

二、自信造句：虽然我无法……但是我可以……

如何战胜自我、全面地发现自己，更加努力地完善自我是学生应当学会的一个课题。活动中，我将一幅《自信黑点图》呈现在学生的眼前，一张白纸上一个小黑点，让学生盯着看五秒后说说看到了什么，一位同学说看到了一颗像五子棋样的黑棋，一位学生说看到了像眼睛的黑点，联想很多，答案很多。当我再要求他们闭上眼睛再看图再回答看到什么时，许多学生沉默了，一位学生发出声音说："还是黑点啊……"话音落下，我问道："除了看到黑点就没再看到什么了吗？这个黑点代表什么呢？"伴随着我的问话，学生才突然醒悟地说："还有旁边的白纸部分，是一张白纸中的一个小黑点……"是啊，这《自信黑点图》里有代表不足的黑点，也有代表着优势的白纸部分，可人们的目光总会只注意到不足而往往没有发现优势，不管是面对别人还是针对自己，一位不够宽容的人容易犯这样的错误，一位缺乏自信的人也容易落入这样的境地里。而学生该如何让自己更宽容、更自信呢？紧接着，我安排了一个写心卡的活动，让学生写出自己目前内心三件困扰的事件：我目前无法做到—我目前无法实现—我目前无法完成，最后让学生把写出来的内心事件再转换成"虽然我无法……但是我可以……"！

这个我无法做到的造句活动，让学生们在内心感受到了当前许多的无奈和不足，内心是一份失落。然而在自信造句的句子转换后，那句"虽然我无法……但是我可以……"的句子使心情迅速提升，微笑显现在每张面容上。一位学生在课堂上写下这样一个句子，他说："我目前虽然很想念家人很郁闷，可要上课学习无法去见他们，但是我可以在周六的时候给他们打电话告诉他们我想念他们啊；我目前虽然无法完成老师布置的那么多作业和练习，但是我尽力做了没有浪费时间；我目前虽然无法实现马上成为富有的人，但是我在好好学习养精蓄锐啊！"

这个句子转换过程前半句话的无奈让后半句话填补了，生活中人的心境和态度往往就是要在这样一个状态下不断地调节，才能平衡和发展起来，前行的路才会更加具体而自信。

三、解开心灵一道绕不过去的坎

常言道："态度决定一切"，一个人面对事物所抱有的态度往往决定着事情发展的可能性。这堂自信激励的课堂结束后，有位学生走到讲台前与我说了这样一件心事，他说学校下周一有个升旗仪式，他是一名旗手，周一要在全校同学们面前亮相，可他很害怕，害怕升旗的速度和音乐不同步，害怕失败让人笑话，想放弃……他的话语中一直在表达不可能会成功，不相信自己能合拍完成这个任务。那时我笑着对他说了一句话："你这样不相信自己那就要求换人吧！"突然间，他抬头看了我一眼不说话了，我还是笑着对他说："怎么了，不愿意？"他点了点头，我接着说："你点了头不愿意换人也就说明你想成为旗手，而且目前也正有这个机会让你挑战你自己，你为什么不把握？"他回答说："可是老师，我害怕，那是在全校同学面前啊！"为了让他相信自己，此时我对他说："越是这时候，你就应当越要把握机会。"我讲了一个《一枚硬币》的故事给他听，我告诉他一枚硬币往上抛，落下的结果只有两面的情况，让他明白任何人做任何事，简单来说也就只有两面，一面是成功，一面是失败，那是做事的人会面对的结果，而那些没有做事的人只有一种结果，那就是由于放弃参与而不知道是什么结果导致时常后悔或难过。说完后请他思考，思考自己是想要放弃后的后悔还是想要参与挑战自我后要面对的50%的可能。紧接着，我让他抬头看了辅导教室旁的一句格言："你可以成功，也可以失败，但是你不可以气馁。"终于，他抬起头做出了一个决定并对我说："老师，我知道了，我一定会参加！"

　　一周后的课堂，他第一个走进了教室面对我，微笑着对我说："老师，我上周在全校面前升旗了，挺好的！"我没有再说话，只是微笑地看了看他！因为他战胜了自己，把内心认为不可能的事情变为了可能，就是因为内心有了自信，行动也就自如起来。

　　一堂关于自信激励的灵动、有益、有效的活动课激励着学生们的思绪，让他们在参与活动中感悟、收获。一句话、一个活动能让学生们明白人生的航向，获得一些启迪，提升一些自信是多么的难能可贵。

2012年10月

支配自己，进化演义

——关于"意志调节"的有效教学案例

一、活动背景

教育过程是师生合作并相互作用的过程，教学是为提高课堂效率而追求课堂有效与和谐的过程，有效教学的核心是以学生有无进步与发展作为衡量教学效益的标准。吕叔湘先生曾经说过："一位教师之所以成功，是因为他把课教活了。""活"其实就是激活学生的情绪，使之精神振奋起来，调动他们学习的积极性，再将这种积极性迁移到整个教学过程中甚至是课后的生活中，让学生体会，促进学生成长。根据以上之理解，我近年在高一年级的团体心理辅导课上精心设计了关于"意志调节，学会成长"课题，课堂实施后留下了一些体会与感悟。

二、教学案例描述

课堂中的只言片语："哎哟，手酸！""小心，左转走，右转走，别碰到了！""背十张，背二十张……""佩服，真了不起，这么快走到讲台了……""我发现我是意志不坚定的人，坏习惯是上课爱看小说，结果总影响我的成绩提高，我要改，马上改变，一定能！""我的坏习惯是不喜欢主动向老师问问题，结果很多问题都没有及时解决……""我的坏习惯是上课爱睡觉""我的坏习惯是上课前没预习，影响了听课的进度，要改……"

课堂主要情景过程：首先，全班学生齐声朗诵着"阳光心语"，紧接着开展"一分钟的举手仪式"活动，全班学生用垂直上举左手的最佳姿势保持一分钟不变形，然后是十人一小团队到教室中场进行"三分钟金鸡独立"游戏，实现个体行为挑战……其次，组织"背板凳"游戏，分别让一名男生和一名女生背托起层层叠加的板凳朝前走……第三，由两名同学互换角色完成"开车游戏"活动，全班学生两两配合完成"进化演义"的成长游戏……最后，观看视频短片《隐形的翅膀》，阅读书本进行意志品质测试……参与活动的同学不亦乐乎，课堂中，小组活动、全班活动，有参与有演示，有静有动，学生就在活动中体会着、感悟着，不断学会成长。

三、案例反思

一句话、一个活动、一段短片、一份测试能让学生知道自己人生的努力方向，获得一份启迪，磨炼一次意志，充分了解自己，那么这样的课堂就是有效的，也是对学生成长有影响的课堂。通过实践，我有以下三点体会。

（一）借助语言文字的激励作用，促使学生在领悟中成长

关于意志调节的课题，我用三个课时完成任务，在设计每一节内容时都注重发挥文字语言的激励作用，课前细心收集与意志调节有关的"阳光心语"，上课后让学生在课堂中齐诵，要求学生边读边体会格言中给人带来的激励因素。比如："不管多么险峻的高山，总是为不畏艰难的人留下一条攀登的路。""一时的挫折往往可以通过不屈的搏击，变成学问及见识。""行动是成功的阶梯，行动越多，登得越高。""学习要进步，请选择这样的'三心二意'（信心、恒心、决心，愿意、乐意）"等，主要目的就是要让学生从诵读语言文字的领悟中给自己注入一定的"心理维生素"，然后导入主题课堂活动。从学生边读边思考及若有所思的神情看，学生的心灵深处都有不同程度的感触。

（二）让学生参与实践活动，获得内心更深刻的体验

意志调节的水平和承受力的具体表现通常会出现在人碰到了内外困难需要克服的时候。然而，面对教育对象——中学生，他们到底是不是一名意志坚定的人，是否善于调节自我，在行动中是否具有意志持久性和调控能力，是否能够化压力为动力呢？我认为可以通过有针对性的活动方式来磨炼他们的意志，并让他们从中学会了解自己。

课堂中的三项活动。首先，开展"一分钟的举手仪式"和"三分钟金鸡独立"行为进行挑战。从学生亲身参与后的言语表达和表情中可以看出，他们能够从这两个活动中具体而深刻地体会到在短时间里，通过用意志努

力来调控自己肢体和心情而完成任务的切实感受，懂得了坚持才能胜利的含义。

其次，开展"背板凳"游戏。分别由一名男生和一名女生在肩上背起层层套加的板凳沿着设计好的路线走，每次添加的板凳数量可以由自己确定，同时也需要挑战老师安排的数量（如十五张）。参与的学生在实践中要准确判断最适合自己并能成功完成的肩上任务是多少、有多少？由此让学生将活动的体验延伸到学科学习和日常生活中去，让学生体会意志的耐受力和自我调节的恰当做法。

课堂中，学生的反映是多样的，有些学生在完成教师规定的十五张数量任务后说还能加到二十五张，对自己的承受力自信满满，而有些同学则在加到十张数量时就说不可能完成，需要减少数量。我观察到，学生在完成这个活动的数量和速度上，不同学生的意志调节在做法上有合理的也有不合理的，他们对自身的实际能力判断有人过高有人过低，对自己的意志品质认识并不是非常了解。紧接着我要求学生通过完成一份意志品质测试题来了解自己，学生测试的结果是没有人能体现强意志品质的特点，也不存在极端弱品质的学生，说明大部分学生都需要坚定意志并改变自身的一些不良行为，需要充分认识并了解自己习惯养成上存在的不足，思考应当用怎样的标准选择"能改变"或"不能改变"的地方？那些能改变的地方真的能改变吗？那些不能改变的地方真的不能改变吗？为什么？让学生保持平衡心态，化压力为动力，明确自己成长的标尺，学会用意志力克服内外困难，勇于承担责任。

部分学生在"分享表达"这一环节中都说到了自己的坏习惯，也表明了自己想改并能改的可能性和决心。那位说自己不主动向老师提问题的学生，当时在课堂中我让她马上向我提一个问题，结果她思考了一会做到了，给我提了一个问题，立竿见影地让她改变了她所说的不足之处，相信有这样的激励体验后，她日后会更好地表现出主动性。而有的学生在说到自己的坏习惯时都表示能意识到问题，但认为不影响自身发展则不想改或改不了，这类学生就需要调节心情接受它。课堂中这样的互动环节让学生认识并发现了自己，有了深刻的内心体验。

在组织实施意志调节的第二课时时，我设计了"支配自己"与"进化演义"两个活动。"支配自己"其实就是两位学生配合完成的一个"开车游戏"，在游戏中让学生互换角色，体会在合作完成任务时所要面对的现实障碍。明确"支配自我"其实就是向自己发出命令。体会生命力的意义在于拼搏，在于前行，懂得行动是成功的阶梯，行动越多，登得越高的道理。学生在参与活动中笑声不断，收获了三种体会，即体会到"车"到达目的地所需要的启动与"司机"驾驶过程中的协调配合，体会到碰到障碍时意志调控所出现的各种可能问题，体会到"支配自己"走向目标的不容易。

"进化演义"是展现一个人成长不同阶段的活动，活动由全班学生两两相对配合，用"猜拳"的方式来体会竞争与合作。每一位学生要完成由鸡蛋（原始状态）—小鸡（进化状态一）—猩猩（进化状态二）—人最终目标的变化过程，最终的目标是"人"。而每一阶段"猜拳"失败者则要倒退到最初的"鸡蛋"原始状态继续挑战。活动中，我要求能到达最终目标"人"的学生要迅速走到讲台上来。一个、两个、三个……大多数学生怀着兴奋的心情走了上来，同时也发现有些学生在失败后都悄悄地退出回到自己的座位上不再继续挑战。两种不同结果的心情如何？这是本课题要求学生体会的一种成长收获，活动的意义在于让每一名学生都体会到朝前迈进一步的心情或经过挑战后始终原地不动或是退回原始状态的不同心理感受，感受自己是否有在挫败后依然能够不断努力、从头再来的勇气，在每次碰到困难的时候是否有不屈服的坚定意志调节能力。

（三）运用多媒体资源，升华学习中的感悟

多媒体资源运用得当，对课堂教学有着极大的帮助，它能够通过声图并茂的形式，将各类知识集成为教师所要讲授或传达的内容，学生在课堂内即可获取大量的信息，从而大大提高教学效率。为了让学生对意志调节有更深刻地直观体验，我选择播放了《隐形的翅膀》这一心理访谈视频短片。视频中的主人公因不幸失去双臂后，不向命运屈服，通过自己的顽强拼搏，克服了种种困难，学会了做家务、写毛笔字，更令人惊叹的是学会了骑自行车，最终被导演选中成为电影《隐形的超脱》主角的成长历程。通过其感人事迹，学生们感受到其健全心理的意志力量，感受到意志调节所产生令人震撼的人生历程。许多学生在观看中都纷纷发出了"奇迹、坚强、不可思议……"的感叹！此时此刻，我观察到许多学生脸上流露出各种各样的表情，有的学生在笔记本封面上写下了自己的心语，有的学生拽紧了双拳，经过视频材料的激发，学生们对之前的一系列实践体验有了深刻的感悟。

关于"意志调节"这一主题的课堂教学笔者有活动有分享，动静结合，让学生体会意志调节在生活和学习中的必要性和重要性，对学生的成长起到较好的促进作用，这样的课堂是灵动有益的课堂，是有效和谐的课堂。

学会成长是每个人一生的需求，在活动中收获知识，在知识获得中收获感悟，在感悟中学会朝向自己的人生目标坚定不移地前行，支配自己，进化演义。期盼每位学生在自己美好学习生涯中都能拥有健全的心理，学会克服困难，学会意志调控，学会成长。

2013年10月

在探究中寻找快乐，在创造中体验成就

创新是一个民族的灵魂，是国家兴旺发达的不竭动力，中国教育正在进行着一场以培养学生创新精神和实践能力为主的变革。培养学生的创新精神不仅是社会发展的要求，也是培养学生独立人格的过程。当代社会是一个开放的社会，许多创新的活动需要很多人的协作才能完成，培养创新精神还有助于培养学生的合作精神。每个从事创新活动的个体都要善于利用全社会、全人类的智慧来从事创新活动。培养学生的创新精神，关键在于培养学生的创造性思维。创造性思维是以超越常规的眼界，从特异的角度观察思考问题、提出全新的创造性解决方案问题的思维方式。

当前灵动高效的课堂是让师生心灵舒展的课堂，是学生参与对话，探究思考生活问题的课堂，是夯实学习基础，唤醒生活经验的课堂，是需要让学生在思考中孕育智慧的课堂，是要求学生走进生活，感悟生活，尊重科学、尊重实践的课堂学习。在一堂培养学生转换视角、发散思维，学会创新的心理辅导活动课中，我有以下两点体会。

一、转换视角让学生双向沟通，体验换位思考

常言道："态度决定一切。"一个人面对事物所抱有的态度往往决定着事情发展的可能性，如果面对事物我们能换个角度去看问题，常常能避免问题的产生，而看到另外的一种风景。

一则故事说到，A同学一天走在校道上碰见了平时非常喜欢的一位张老师，举起手来微笑地挥手问候，可是张老师一脸平静地走了过去，A同学一下子觉得好委屈：这老师怎么不理我？情绪低沉下来，非常不高兴！此时的A同学如果能转换视角站在张老师的角度想一想，老师估计是在思考什么问题一时没有注意到他，可以理解。这样一想心情也就平静下来了。好心情、坏

心情有时候就在你的转念一想中。换位思考，站在别人的角度去发现、去理解、去体验，往往能让人看到事物的另外一个层面。

辅导活动课堂中，我设想了一个"一助一，对对碰"的游戏环节，要求学生两人一组互换角色做以下五件事：①请你为我念首诗；②请你为我唱两句歌；③请你为我捶捶背；④请你为我扇扇风；⑤请你为我做一个鼓励的动作。然后提出这样两个问题思考：①别人为自己提供帮助和服务的时候，你为别人提供帮助的时候，心里是怎样想的？②总的来说，你认为提出请求与提供帮助哪个更容易？

结果发现在回答中多数学生都说了提出请求容易，而提供帮助就要有助人为乐的精神，另外有时还需要有一定的水平和能力。当问及是否愿意提供帮助时，大多数学生也都表示愿意。然而在当今校园学习生活中，经常会发现许多学生只懂索取不愿付出，很多学生在交往中只注重自己而忽视他人的观点和感受。因此，这一活动的宗旨就在于让学生学会双向互助、角色换位，体会服务与被服务的感受，要求他们学会感恩、学会站在不同角色角度体会平时他人对自己"无形的关爱"！

二、创设情境让学生挑战"不可能"，学会打破思维定式

生活中的我们时常容易受到思维定式的影响，造成思维狭隘、思路局限。在一堂创新实践的辅导活动课中，在培养学生挑战"不可能"的勇气和解决问题的智慧中我设想了以下一个游戏情境：有一家效益相当好的大公司，为扩大经营规模决定高薪招聘营销主管。招聘人员为选拔出高素质人才出了一道实践性的试题：请应试者想办法设计恰当的广告词向不同的人推销产品。①把木梳卖给和尚；②把镜子卖给盲人；③把冰箱卖给北极的因纽特人；④把羽绒服卖给非洲人。很多学生一看到这样的问题就感到困惑甚至有人大声叫道："怎么可能？和尚没头发要梳子做什么？盲人看不到根本就不需要镜子。这些东西根本卖不出去！"

这四个"不可能"的问题设定出来后，教师要求学生四人一组讨论思考，设计最贴切可行的广告语，争取能把产品推销给设定的人，把"不可能"变为"有可能"，谁的设想在班中能赢得共识，有人愿意接受购买则说明他的推销思路高明，可以获得营销主管的职务。话音刚落，学生纷纷在想着这样的广告词到底能怎么设计。有的在梳子上做文章，有的在和尚上面做

文章……讨论热烈非凡。五分钟时间过去了。在进行结果汇总时我要求其他学生假定自己就是当事人，当小组代表说出广告语时好好想想能不能感动你让你愿意购买。有的小组代表说：可以把梳子卖给那些有胡子的老和尚，有的说把经文刻在梳子上让和尚诵读，有的说是木梳那就卖给和尚当柴烧，这些想法看起来都不错，但是在课堂上能让同学们认同获得支持的人数不算太多。有一个小组想出了这样一句广告语："木梳木梳，神奇无比，和尚用它梳一梳，梳去一世的尘怨，还能按摩头皮，益智通经络，实现愿望成为一名最高明的智者！"此言一出竟然有许多的学生举起了手说"好"！木梳能梳去尘怨，还能促使成为智者！这个想法富有创意，新颖独特，说到和尚的心坎里，是一次成功有创意的推销。

另一个小组讨论冰箱卖给北极的因纽特人，一位学生大胆思考，想出了这样一句广告语："多功能超级冰箱，不用不知道，一用真实在，按钮一按，想冷就冷，想热就热，由冷变热，烤出你想要的美食。雪天行走，随身携带，类似汽车，放下滑轮开了就走！真真实用、真真方便在北极的你，朋友，别犹豫，快快购买我的多功能冰箱，我们还将立即现场送出它所制出的你最爱的叉烧！"听着学生说出的广告设计，我在想如果单纯从现实的角度去回应学生，那肯定是不可能存在的冰箱。但是这位学生这样的广告设计竟然让近半数的学生举起了手，表示愿意拥有这样的冰箱。问及学生为什么会支持这则广告，学生回答说："这样的冰箱多好啊，多功能！"是的，现在没有不代表今后没有，现在的不可能不表示永远的不可能，所谓的创新不正是要在大胆思考中通过实践检验而最后获得成功的吗？

活动在课堂中继续着，学生们大胆地打破了思维的定式，想法出奇丰富。我在想，如果站在和尚或者盲人或者北极人、非洲人的角度去思考，面对产品他们首先就怀着排斥的心理，想着他们本身的不需要和不可能，我想活动一样进行不下去，销售的结果也一样不可能出成绩。这个不可能变为可能，同样需要双向互动。关键在于产品推销者的设想能否贴近人心，购买人本身想不想尝试改变，观念上能不能接受新事物的出现。同样，由此也就让人感悟到生活中，面对任何事情如果我们能多站在对方立场和价值观上考虑问题，可以让我们的沟通更有效，使人际交往更顺利，合作更愉快，获得成就的可能性也就更大。这样的活动探究能让学生快乐，这样的创意思考能让学生体会可能实现的成就。我认为这应当是非常有效的一次课堂学习。学生的潜力是巨大的，平时只是没有去挖掘，教师的使命就是应当给他们创造适合把自身的创造性发挥出来的环境，让他们的潜能得到充分的发挥。

记得曾经有一则文章记载过这样一个事例，一个专家画了一个"0"去问不同阶段的人，结果发现创造力和想象力最丰富的是幼儿园和小学阶段的孩子，有的说是太阳，有的说是甜饼、月亮什么的，而问到大学生，他们的回答就一种——"一个零"，思维显得非常局限。到底是什么限制了我们成人的思维，到底创新教育中需要我们做到的是什么？我认为，很多看上去不可能的事情，其实只要我们能开动脑筋、开拓思维，打破思维定式，在集体合作中勇于超越，在实践活动中勤于思考，那创造中的快乐成就一定属于有想法的人。

互动探索调动思维，
让学生因课堂真正"活"起来

——浅析"六环节教学"与"团辅心理教学"模式的实施

学校近几年教学教研工作建立在实践探索的基础上，通过省级立项评审和考核，这两年共结题完成了两项课题：一项是"中学心理健康教育有效实施模式研究"，另一项是"'六环节'自主学习课堂教学模式应用研究"。两项课题研究都是建立在突破传统的教学环境，尝试一种创新的方式，以学生为主体，体现课堂的互动性，设计相应课题，从而达到传道、授业、解惑的教学模式。

一、创新教学模式，实践体验课程改革

一节"六环节"课的基本教学模式：导入—自主学习—成果展示—合作探究—小结—检测反馈；一节团辅心理教学课基本模式：热身活动—主题探索—小组互动—分享感悟—小结思考。自从2007年秋季开始实践团辅心理教学以来，我一直在研究和探索这种教学方式的有益和有效性。近两年听了几堂"六环节"教学模式课，发现各学科教师当下都在尝试用新的教学模式来转变教学方式，将学生课内被动的听讲转变为带着问题主动阅读和思考，在课堂的教学中加入小组互动元素，将课桌椅调整，改变了排排坐的状态。这些改变都是期待发挥学生的主观能动性，促进课改。观课中，我感受到"六环节"教学与团辅心理教学模式相似，有异曲同工之效。

许多学科教师在探索"六环节"教学模式时感到教学设计不好把控，教学内容常会完不成，内心感到纠结。于是在教学备课时，只是为完成观摩

教学任务时才呈现"六环节"模式，将其准备成一堂表演课，完整性相对较好，显得准备充分而具体。但如果听课专家在课堂上细观察学生互动时就会发现，学生讨论较拘谨，甚至不自然，讨论环节只是让课堂被扰动起来有些许气氛，老师们或者只是一问一答的方式进行互动，学生大脑思维并没有体现较好地被激发和调动。曾听过"六环节"学科观摩课，当时感受到的就是上课教师在实施教学时，各环节衔接显得不够紧密，问题和答案设计有一些其实无须探讨思考，只要看书本然后念出来就可以。在语文课上通常要表现的是学生的听说读写能力，而课堂中能听到教师和学生尝试精彩的表达较弱，能看到现场学生呈现写的精彩也不多。

这些现象表明，要想真正地让一种课的模式达到效果持续并发展下去，同时还要达到在各年级课堂都能顺畅体现，学生表现自然投入，需要从起始年级开始将教师和学生的思想和学习形式明确下来。先"依葫芦画瓢"，弄清教学重点和教学环节，培养调动学生真正的思考表达因子，激发想象和互动探讨的能力，教师本身也要学习如何更好地进行课堂控场和回应生成性信息及答案的小结能力。

团辅心理教学模式课的实践，一开始尝试是从高一的起始年级开始，每周每班的一节课，都按这样的模式来设计。几年下来，学生只要上心理课就会进入场景，就有了相对自然而轻快的投入状态。但有些班级在互动探讨时还是会受日常一言堂教学模式的影响，不太乐意和愿意开口探讨问题，喜欢等待老师给予答案，调动不易。心理课不是应考科目的课程，但它是一块不可或缺的短板。在探索研究它的新教学模式时，我的目的想要让它真正成为能给学生带来心境调节，同时能促进思想认识，内化激励其成长的一门课。它的教学模式如果变通可以延伸用到各学科中，也可用到各教育管理模式中。而"六环节"教学的创新模式，正是这种模式教学很好的一种延伸状态。目的都是为了更好地促进课堂教学，让学生在情境中自学，在合作中主动探究，在分享中获得知识和认识提升。

二、形成年级合作链，深化并完善"六环节"教学模式

教学中用模式，而不被其羁绊，突破模式，创新模式，小组要能在课上课下更好地形成合作学习共同体，需要在课改实践应用中不断地摸索和解决。笔者认为，我校的"六环节"教学模式，如果要取得更好的效果，做到

细致，可以融合团辅心理模式，学习重庆聚奎中学研究的翻转课堂。先从起始年级开始落实，从每一堂课开始，课的设计中可以思考分小组时男女生的分配情况，如何才能更好地使课上和课下互助探索更方便，合作性更强。让各门学科都全员尝试教学设计，有选择地从部分学科中打造精品学科课程。其次，思考每门学科实施开展"六环节"教学时应侧重在新授课还是包括复习课。再次，思考每门学科在落实"六环节"时，学生的学习状态能否在不同的教室场景灵活改变学习探讨方式、教室的桌椅摆放能否随着课的内容和需要即时变化。任何一种教学模式，只有在互动探讨环节真正调动起学生的思维，找到问题所在并尝试解决，教学的针对性和有效性才有可能增强。

起始年级有了准备，其他高年级的"六环节"教学模式就可以更加变通，体现教学有法、教无定法的状态，最终的教学课堂应当是要能达到让学生领悟，收获感知，同时又让每位学生在课堂上能通过同伴互助、师生互动，获得自我想要的知识点和解决问题的渠道和办法。我想这样的课堂才是有效的课堂，高效的课堂支点就是要让学生亲其师，方能信其道，在学生前行的路上，让学生想学；然后摸准脉象，胸有成竹地因材施教，让学生能学；最后再将习惯成自然，授人以渔地让学生会学。我校目前借助"六环节"这一种实验的模式来承载并实现课改要求中的创新教学，要应用、要实施，就要不断地研究和完善，真正让学生的思维因课堂而"活起来"，使课堂在师生的理解和接收中变得更有效。

2015年5月26日

因时应景选主题，积极心态培养是关键

——关于心育课堂的针对性和有效性的探索与研究

心育课堂到底应当针对什么？心育课堂怎么上才算有效？一堂有效的心育课如何充分体现中心目标，展现学科特点，在课堂中真正地调动每位学生，在行动中发现自我、宣泄情绪、调节自我、积极进取很关键。结合实践教学经验和学生在课堂上的生成信息，我对课堂的主要构成要素：教师、学生、教学内容等进行了思考，期待在反思中行进，在整合中提升。

一、心育课堂要选好执教者，让合适的人做合适的事

同样的年级，同样的学生，同样的教案，不同的人来执教，结果肯定会有差异。这个现象相信教师们能够体会和理解。首先从事心理健康教育工作的心育教师的心理健康程度应高于一般教师，最好具备某些特质。在此前提下，需要考虑是否进行过专业培训。国内外对于心理健康教育者自身素养要求相对较高，不少校园里的领导和老师都认为，心育事实上就是做学生的思想工作，和班主任工作及管理者的工作性质差不多，多数人都能做，其实不然。

德育和心育工作有着必然的联系和不同。爱心、耐心、自知力、共情、兴趣这五点是心育教师非常重要的特质。心理课的目的在于促进学生心灵成长，而不是知识灌输与传授，尤其需要心理教师怀有一颗真挚的爱心。离开爱和人文关怀，心理健康教育则被抽空了灵魂。同时健全人格的形成是渐进的。面对个性不同且身心尚未成熟的学生，心理健康教育者若缺乏宽容心和平常心，急于求成，期待时常能立竿见影，则很容易出现简单化、主观化倾向及挫败感。另外，心理教师的价值观、世界观、人性观、人生观等，往往

会不自觉地影响正在成长的学生。心理教师如果没有一定的洞察力，就很难察觉由于自己的偏见或情绪而可能对事实加以歪曲。只有自然恰当的共情，常常才能迅速打开学生的心门。要达到真正的感同身受，既能深入进去同时又能走出来，是不容易的。这种能力可以通过训练获得，但很难达到较高境界。兴趣是人们工作的主要原动力，出于谋生目的或行政安排而从事心理健康教育工作，很难以一种主动积极的态度走进心育课堂，而且容易出现职业倦怠。因此，心育工作者首先要对此专业有浓厚兴趣。

因此，一般情况下，选择心理教师时需慎重。学校行政德育管理者包括班主任等不宜担任心理教师，因为这会导致角色冲突，也会使学生心存顾虑而有所保留，或敬而远之，或退而却步。另外，避免让性格古板不苟言笑、充满师道尊严思想的教师从事心理健康教育工作。

二、因时应景选主题，把握学生的脉搏贴近人心

每堂心育课因时应景选主题很重要，确定主题定个好名字也很关键。主题可与近期发生的生活事件联系起来，让学生有感性体验，再对"症"下"药"，就容易引发学生学习兴趣，如起始年级的环境适应与学法指导，毕业班的考试焦虑和职业定向等。不同时间段选择设计和安排不同的课题，切入口开得小一些，贴近学生所需所想，由此来体现课堂的针对性，主题若能反映学生心理需求，心理课就成功了一半，相信就能充分走入学生内心。有效的因时应景解决学生成才成长中所关注的问题，从而达到缓解焦虑、增强自信的心育课堂之目的。

我校心育课编定的团辅教程课题有八个篇章二十六节课，针对高一年级从新生入学开始的适应到自我意识，自信激励到学习管理，意志调节到人际交往，情绪调节到人生选择，八个篇章的设计环环相扣，随着学生在校学习的认识加深和内心所需，层层深入。各篇章再细化主题，比如在人际交往篇中有关异性交往的话题中，确定课题为"青春红绿灯""爱是一种责任和能力"等，使问题切入口变小，课堂学习更有针对性，探讨更为深入。这样做的宗旨就是让学生在成长的道路中厘清思路、成熟思考，促进学生在学会文化科学知识的同时通过心育课堂能达到自我调节、缓解心境、懂得调适，成为社会具有良好心理素质全面发展的有用人才。

三、体现多元化的课堂操作，围绕主题精心设计课堂

心育课堂在实际教学操作中，当下渐渐有了自己学科的特色，体现出"活动+体验+分享"模式。多媒体、热身游戏、角色扮演、小组讨论、情境创设、分享总结等更成了必备环节。心育课堂要彰显特色，但不能刻意为之。否则，会造成学生一开始很有新鲜感，参与性颇高，时间久了，渐渐产生"审美疲劳"，或只对活动游戏有兴趣而不愿做深层次思考等。这就不能达到实效性，使课堂在学生获得快乐的同时能收获更多的体验促进成长才是关键。

单一刺激很容易让大脑注意力由涣散转向抑制，而过于频繁的形式变换同样也容易让人眼花缭乱。一节课的游戏不能太多，控制在2~3个为宜。相似的课堂流程模式使用两三次后也要适时更换，不能一连几节课都不变。必要时也要如其他学科一样布置心理作业，通过训练、谈感受等方式来巩固学习效果。还可以改变教室中学生排列位置和顺序或在特定场地或通过观看心理类影片等方式，使课堂形式多样化，也保证了其鲜活性。

其实，做到这些并不难，也无须多么高超的技巧，需要的只是用心琢磨，善于学习，敢于创新，所谓"处处留心皆学问"。我在实践教学中曾在人生选择篇章里设计一堂"我的未来不是梦"的主题课，其中就让学生在课堂中坐下排成两队列，然后每位学生依次以T台走秀的样式设想走在人生路上，让学生体验"精彩人生，走过来"……，让学生在走的时候自我感受和他人观察中发现个人的自信度和在特定时间和空间里的表现力，然后通过讨论互动，使学生发现自我的同时更好地调节和完善自我。而在学习规则责任生命的课题中，通过布置场景，两组学生模拟生活中的车辆驾驶交通状态的小游戏，让学生直观体验到规则责任和生命的关联性和重要性。在意志调节篇章里，通过观赏心理访谈《隐形的翅膀》电影片段来让学生理解体会主人翁生命的顽强和意志的坚定。这种多形式的教学课堂通常能令人耳目一新，学生乐于参与，心育课堂效果也相对较好。

四、关注整体留心个体，培养积极心态是关键

中学班级学生人数普遍在五十左右，这种情况下，学生一些深层次的心理需求、冲突往往不容易显现在课堂上，通常需要心理教师透过课题留心观察。

记得有一回课堂主题为"生命最重要五样"的自我意识篇章教学中，有位学生在依次写下重要五样后非常高兴，表现极其快乐，因为在探索中她发现了自我内心很重要的五个目标。可当课堂要求依次做出选择放弃，只能找出最中心的目标时，她的内心非常矛盾，在课堂中大叫一声："怎么可以这样，我放弃不了！"之后的神情就显得较为低沉，不少学生对此项活动也有着许多不同的体会和感触。当时在课堂中，作为心育教师，我的导向就是希望同学们明白，人的内心所需通常会有许多，但是在前进的道路中如果只想握住所有的东西，在一段时间里什么都要得到，那肯定会难以实现，还很有可能顾此失彼，因此要学会放弃并选择中心目标，明确内心当下最重要、最渴盼实现的东西，从而认真付出努力实现它才是关键。那位学生听到这番话语后，处在沉思中。下课后，同学们先后离开教室，而她留下来走到讲台前，具体请教了当下她所遇到的关于课余时间自我特长发挥非常需要协调和看清的选择问题。在这位学生的内心中有许多目标，她是个积极上进的学生，想当广播员，想学弹钢琴，想参加演讲班，可在同一时间段里又只能选择一项，内心非常纠结。帮助她分析时让她明白这三项是可以分阶段选择的，要懂得一次只能做一件事才能最大限度地发挥自己的才能。由此可见，不同课堂中，学生的生成信息通常都能突显一些自我的内心色彩。而作为心理老师，我们如能多一些察觉，机智灵活，积极回应，引导学生恰当思维，必要时把关注点延伸至课堂外，眼光放长远，心理课的质量就能不断改进，学生积极心态的养成也能较好的得以显现。

五、让学生在规则中成长，表现应有的纪律控制

和谐、有序、开放的课堂氛围本身就是一种教育。心育课堂时常在重点班、公开课等情况下，师生投入程度高，学生分心也较少，配合良好。而在一些普通班常态课的情形下，纪律秩序常常会有部分学生让教师感到困扰。因为在学生甚至一些教师看来，心理课不用考试，是"副科""小学科"，认为是专门让人放松减压的，随意性较大，有些学生会以观望者的姿态做作业、搞小动作。遇到如此情形，常会让人觉得左右为难。中学生管多了，课堂气氛沉闷；不管，课会难推进。而且，学生早已习惯大班制下"教师滔滔讲，学生默默听"的模式，现在心理课上要搞活动，学生常常有时兴奋得无法自控，导致教师不得不时常停下来约束一下纪律，这就会干扰课堂中的可

控性和灵活性。

心理教师首先是一名教师，有责任有义务对课堂纪律行使管理权，其次才是心理健康教育者角色，定位准确很必要。纪律管理是为了维护集体的利益，是为了让学生更好地成长，心理教师应该不畏管理，善于管理。当学生有违反纪律情况时适用一些小惩罚都是可以考虑的，罚其表演节目、鞠躬、写反思、原地跳十下等。当然，纪律控制应以尊重学生人格为前提。遇到一些棘手问题，应积极向班主任或德育部门寻求支持。在第一堂心理课时就要事先确定好课堂规则和约定，这样才能让学生在规则中有效合作完成课堂主题，让学生明确认识到心理课堂是有动有静、有规则有约束的课堂，需要积极配合形成相应的课堂学习习惯。

总而言之，心育课堂要充分体现其针对性和有效性非常需要在不同阶段找准切入点，因时应景设计好教学内容，选择符合学生所需的主题，充分调动学生学习的积极性，宣导一种积极理念和一种幸福观，让每位学生能想学、愿学、乐学，保持一颗积极的心态投入到学习中去。

2015年10月

做有价值感和幸福感的人

——关于学习动机激发的思考

一个人从出生开始，就在学习中成长。尚未懂事前的人生靠父母家人帮忙规划，多数父母会将养和育并进，而文化程度不高的父母如果有心育儿，也会通过多种渠道帮助孩子规划和思考相应的人生轨迹，一些责任心不到位的父母则会较少关注如何育儿，而是任其发展。因而，不同家庭背景造就的孩子在生活中会呈现不同的社会角色。

养育儿女这四个字，具体来说就是父母要完成对孩子生理成长满足上的养，还要成全孩子心理和社会上所需的教育成长。这事实上就是一个人在经历不断学习变化的过程。俗话说：活到老，学到老。倡导"终身学习"的教育要怎样才能让学生真正地想学会学，唤醒和维持对学习的深刻认识和动力，我认为以下几方面是影响学习动机的关键因素，转变这种局面往往也是激发学生学习动机的好方法。

一、目标模糊与利我行为阻碍着学习动机的自我认知

学习动机是个体发动或维持其学习活动并使其指向一定目标的内部动力，或者说学习动机是在学习的内在需要和外部诱因的共同作用下产生的一种推动学习活动顺利进行的动力。而学习目标通常就是学生学习动力推动的内在和外部诱因的关键所在。目标明确，方向清晰，行动就会有指向性，而如果目标模糊，无目标状态，就会产生动力分散或行动停滞。在学习中让学生确立目标，明确方向，提高学生完成学习任务的信心和决心，通常是激发学生学习动机，增强学生克服学习过程中遇到困难的有效办法之一。如果目标不明确，学生对自我发展的认知少了指引性的方向感，自然也就会阻碍行动力。

另外，在学习和生活中遇到任何事情，利我行为及对等行为通常是人之常情，物质也好，精神也罢，"要让我动，就要有利"，这是社会中的常有现象，同时也是当下许多学生的具体表现。付出要有回报，付出要有益于我，这类思想通常推动着人们去从事各项学习与工作。然而，这种现象也是阻碍学生去面对自我发展时要遇到的一些当下看起来意义不大的学习。比如，一些文科学生让其学习一些理科方面的知识点，他会感到无趣不想行动。部分理科学生让其去参与一些演说写作又会觉得无益于应考答题事件，而不乐意参与。这部分学生学习动力不足的原因，通常就是一种心理上片面的认知问题，但是有些教师并未意识到这一点。因此，在激发学生学习动机时没能恰当引导并对症下药。

在校园里借助一些心理学方法，比如在课堂教学中采用小组合作式学习，将问题情境设置得丰富有趣，能增加学生对问题解决的投入，激发学生的学习兴趣。另外，校内设立心理辅导室，让学生充分认知自我，帮助有需要的学生进行个别心理辅导等，往往是解决学生学习动机不足一些相关问题的办法之一。

二、厌学情绪与学习疲劳影响着学习动机的持续发展

让每位学生爱学、乐学、好学，当一名幸福的中学生，这是所有中学教师和领导的希望。然而，什么样的教学方式和方法才能让学生成为幸福乐学的中学生呢？我于近期面对教师和学生做了两份问卷抽查，调查学生在学习状态中听到老师说什么话语会不想学习，说什么话语会更想学习以及教师应如何激发学生学习动机。

综合结果表述：关于班级中一些学生动力不足情况，通常分为两种学生。一种是性格特别开朗，互动性强，比较自主自强的学生。这类学生会表现在某方面有出色的特长，有些在待人处事方面比较好，但是对文化课程学习呈现动力不足。另一种主要是因为入学基础差，对自己没信心，存在自卑心态，思想不成熟，认识不足，缺乏目标理想和压力教育，懒惰厌学。要想激发学生学习动机，需要适当的鼓励，同时还要进行适当的理想、目标和信念教育，要将知识内化为学生的需求。

抽取高二理科班和文科班的学生不记名实测了解：当准备学习时，听到老师父母说什么话时会感到不想学习？78名学生中，无论文理科学生都回

答：当听到打击、泄气、指责、不信任，或与他人比较的话语时就想放弃学习。比如：真笨，学多少都进步不了；不争气，看别人××，再看看你；考试不及格还不如回家干活之类的句子。再有，学生在面对有些老师批改作业时，只改成绩好的学生作业，遇到请教问题时回应说，不会的问题自己去想；成绩考试差时，不问缘由地一顿骂；以及老师时时提醒说，快点学，待会几点就要来检查……

而当准备学习时，老师说什么话语会更想学习？学生回答：说激励和鼓励的话、关心的话、信任的话，或给予一定的物质奖励时会更尽心去学习。比如：你天资很好，再努力，就会学得更好；尽力就好，别太累，好好学，别有压力；没关系，下回努力就好，坚持就是胜利，我对你有信心，不懂来问我；学完了奖励，有好玩的、好吃的；比你优秀的人都在努力，你也加把劲！

由此可见，教师要说鼓励语，学生想听鼓励语，在中学生群体中一定的鼓励与奖励通常是激发学生学习动机有效的办法之一。让学生不产生厌学情绪，其中需要教师首先在思想和态度上不轻易放弃对学生的鼓励和帮助，采用心理学中的"互悦机制"来影响学生。但是同时，教师也要注意避免落入"德西效应"。"德西效应"指当学生尚未形成自发内在学习动机时，教师从外界给予激励刺激，以推动学生的学习活动，这种奖励是必要和有效的。但是，如果学习活动本身已经使学生感到很有兴趣，此时再给学生奖励不仅显得多此一举，还有可能适得其反。一味奖励会使学生把奖励看成学习的目的，导致学习目标的转移，而只专注于当前的名次和奖赏物。因此，外在刺激引发的动机要转到个体内在的动机激发，这里就需要教学中因人而异，采用相应的激励办法才能较好地维持学生学习动机发展。

另外，学生要持续保持精力充沛投入到学习中，其中还需要注意劳逸结合，学会安排时间和调节自我的生物时钟，否则，整日疲劳战，自然会影响学习效果与效率。当下的中学教学节奏速度很快，有些教师的课型教学，学生反馈说持续一整天听课下来会感到很疲惫，在消化所学知识方面会感到吃力，长久如此，学生获得知识的成就感会下降，部分学生的学习动机也会因此停滞或放弃，较难维持十足动力。教学如能做到教学方式多样化，文理课程交替教学，课型中设计动静结合的模式，我认为将是调节学生内部生理心理，减少疲劳感而维持学习动机的有利方法之一。

三、价值认同与兴趣培养能促进学习动机的唤醒与维持

俞敏洪老师谈让孩子主动爱上学习，其中家庭教育要关注以下几方面：首先家庭教育的头等大事是人品教育；其次是培养孩子对生命的热爱，要关注心情教育。另外，适当鼓励孩子，激发无限潜能的鼓励教育很关键。之后，还要让孩子学会吃点苦。每个家庭如能做到这几方面，孩子将会自己主动爱上学习而不需要借助太多的外力去成就。父母是孩子的第一任教师，以身作则，榜样教育影响力较大。你把所有的一切，你的生命、财富、地位全部交给孩子，你的孩子终身都不一定会幸福。只有教会孩子如何做一个成功的人，教会孩子学会追求自己的目标，学会享受达到目标以后的幸福感和满足感，你的孩子才会获得真正的幸福。

因此，如何让学生在人生学习成长的道路上做一个有自我价值感和幸福感的人，这是激发学生学习动机时父母和教师要关注的。当下一些省市开始实施的新高考试点方案，其中最大亮点就是彰显选择性理念，高校根据自己办学特点选择学生，学生根据自己兴趣特长选择学科和专业的现象正在稳步推行中。那么，教师要唤醒与维持学生的内部学习动机，激发其终身学习的潜在因子，这其中和每个个体对习得事物的价值认同与自我兴趣所在密切相关。有较强动机的个体思想和行为会更集中指向满足动机的客体或事物，学生的学习动机被激发，这里所指的学习动机不应当只是指面对那些应考科目的学科学习，而应当包括学生对自我人生目标，期待和兴趣的唤醒、维持。

学习动机与学习成绩显著相关，是学生学业的一个重要决定因素，兴趣、自我效能感、学习的价值感等内在动机对学习的作用更直接有效，而目标、教师期望、表扬和奖励等外部激励如果使用得当同样可以对学习产生积极影响，根据心理学原理，我们可以通过培养学习兴趣、建立自我效能感、养成正确的学习价值观、树立有效的学习目标等方法，来培养和激发学生的学习动机。

只要教师的教育教学的理念正确并持之以恒，那么就有可能激发学生的学习动机，学生的学习就会变得积极主动而有成效，让学生成长为一个有价值感和幸福感的人将指日可待。

2016年5月

构建金字塔组织模式，优化校园管理

成就心理和谐而幸福的人是心理健康教育工作今后的主旋律。这是2016年5月24日，全省举办首次中小学集中读书会研讨活动，带给中小学校园管理的一份新认识与新理念。共读研讨海南省心理教研员符明老师编著的《中美青少年心理健康教育理论和实践体系比较研究》一书，书中对比研究中美青少年心育状况，给中国中小学校园提出富有引领和建设性的意见和期待。

一、力求校园全员参与心育，成就心理和谐而幸福的人才

当今学校教育面对青少年，目标是培养社会期待的下一代接班人。期待人才培养的过程中，要重分数更要重操作和实际运用，要让学生能拥有一技之长，在专业成长中成就孩子一生幸福。减少那种高分低能、理论至上的空谈家和空想家。心理健康教育在中小学教育中是一块不可或缺的短板。心态良好往往可以成就许多人和事。心理和谐而幸福的学子常能创造世界。因而，未来学校的发展，要实现更多的中国梦，需要以"促进学生身心健康和谐发展的教育"为指导思想。在校园内，建立一支包括校长、全体教师在内的心理健康教育工作团队，心理健康教育教师作为这支队伍的主体，班主任是这个团队的基石，教职员工共同参与。

一所真正理解心理健康教育工作意义并具备现代化教育管理理念的学校，不仅在校内要设人设位，还要为心理专业教师提供工作平台，建立有效的评估机制。同时，通过培训和学习提升班主任及教师队伍的心理学专业理论和技巧的能力水平。心理健康教育教师在角色上，要成为每所学校教育改革的引领者；在面对服务对象上，视线要从部分学困生转向面对全体学生；在学校的制度要求上，要从独立于课堂外的局面转变为必须紧密联系课堂，成为教学改革有机组成部分；在工作方式上，要和其他学科教师一样收集、

分析资料，根据资料去做出决策、制订干预方案，为更全方位、精细化成就心理和谐而幸福的人完善校园管理体制。

二、推行金字塔模式组织框架，让学校学业与心理教育并举

心理健康教育不仅仅是心理教师或班主任的事，还是整个学校的事，整个社区乃至整个社会的事，所以，人人有责，人人要参与。

当前，中国中小学校园倡导推行搭建一个有效率的组织框架，叫金字塔模式，新模式正式名称为"RTI"。呈现象征性图示是"下宽上窄"三角形的形状，因而被称为"金字塔"。这一模式提出心理健康教育要从过去传统的只关注应激状态转变到当下要以预防为主。金字塔的三个分布层次：第一层是底层，占80%～85%；第二层是中间占10%～15%；顶层为第三层，占1%～5%。学校领导者和教师在对不同层次的学生在学业或心理健康行为上的表现要表现不同方面的关注。第一层处在正常的发展状态，需要常规的课堂教育；第二层需要一些特别的关注或干预；第三层严重地滞后于其他在校生，需要更为专业的干预或者治疗。

金字塔模式是一种以学校学业与心理健康教育并举的模式，从面对和处理应激事件到注重预防和干预，要在日常运作中让"学业教学及干预系统"与"心理健康行为教学及干预系统"齐头并进，这是金字塔模式的基本工作理念。金字塔模式追求的目标是：变化的内容+变化的时间，最终使每个学生都能达到预期的学习效果。金字塔模式强调教学和干预的方案要细化到个体的需求来，以此改观学生情况。学业指导和行为引导两方面同时下功夫，常常能较为及时地发现和解决学生遇到的问题，让每位在校生都尽可能成为品学兼优的好孩子。

在我国，金字塔模式推进不能是简单的拿来主义，而是要建立在符合中国教育实践心理学理论的基础之上。学校作为一个组织的运行模式，在实际运行中，无论是模式的具体内容，还是操作和实施途径，都可由学校的教职工和学生根据本校的具体情况来一起调查商议而制订。所有的规则也都需要与本校学生的背景、社区的环境、学校已有的资源以及学生的学习和心理行为需求吻合。

三、结合校园实际，完善制度优化管理

国内当下尝试建立的心理健康教育组织框架以扁平式模式为主，由心育中心和班主任教师共同负责对学生的心理引导，提高了心育中心的工作效率，也提高了辐射广度，但局限是校内的其他成员还没参与到促进学生心理成长的系统之中，没能达到全员参与的状态。

完善制度，优化规范管理，建构金字塔模式的学业干预系统，保证95%以上的在校学生，无论多大的差异，都要通过课程的标准化测试，让校内的学科带头人与骨干教师成为改革的设计者和引领者，让全校大部分学生领会并掌握学科的学业核心教学内容，制订核心学业学习方案，让自己持续地进步。同时，还要制订好心理行为教学方案，强调孩子们在成长过程中，不仅需要接受文化知识的教授和训练，还需要接受待人接物等行为方面的教导和训练。如"尊重"二字，如何让学生明确知道文明礼仪不能只在理论层面，而要懂得具体言语和行为具体表现。

综上所述，新模式推行倡导要结合校园实际，校园内不同的角色都要有不同的角色任务分配，期待校长能研究适合本校教职工引导学生行为的手册。调配好师资力量，让资深学科带头人、骨干引领学业教学。同时敦促和支持心理及德育教师提供相应层次的教学和咨询服务。而我们就要充分地发挥班主任的管理作用，让班主任老师们能在管理中更好地渗透心育理念，学习相应的心理咨询技巧，当好基石，做好校领导的眼睛和耳朵。学科教师在教学中要实行学业指导和行为引导并举，不能只教书不育人，设定的教学干预方案力求细化到个体的需求。另外，学生要注重学业和心理行为两方面的成长，在学习中重理论知识学习，更要重运用操作习得。

在新一轮教育改革进行中，中小学校园采用金字塔模式的可行性，第一个契合点是公平教育理念。金字塔模式所倡导的"举全校之力帮助学生、师生共同参与制订规划、分层教学、学业与心理行为并重"的理念，可为公平教育的实现提供可借鉴的途径。第二个契合点是教育改革所倡导的"关注人的全面发展"的宗旨。现行体制更强调促进学生身体、智慧、情感态度、价值观和社会适应能力的全面提高与发展，这对培养具有核心素养的人才，成就心理和谐和幸福的人起到较好的促进作用。第三个契合点是当前教育改革的设计者和领导者们所致力的关键问题，要建立一个科学的、可量化的，对

学校各方面的工作成效进行有效评估的系统。金字塔模式的倡导和推行，校领导重视起来，再有完善的评估系统，形成制度和规范，就能更好地服务于学生的成长，使学校做出特色和品牌。

未来的中国心理学理论要帮助"个人"在"人人"中得到发展。现代的脑科学研究也充分证明，人的情感健康直接影响智力的发育和学习的效能。在中小学班主任的岗前培训中加入和加强青少年心理健康教育理论的学习，以及心理咨询基本技巧的训练能更好地帮助学生成长。

金字塔模式是一个全面的、概括性很强而又富有弹性的学校运作模式。这个模式明确把青少年心理健康摆到与学科教育平等的位置上，把心理健康教育纳入学校整体的管理制度中来。教育管理行政部门如果能把建立学校心理健康教育有效运作模式的工作提到议事日程上来，改变心理健康教育工作的现有局面，使其成为学校教育的重要方面，在不久的将来，将会为培养高素质的公民实现中国梦打下坚实的基础。

2016年6月15日

教育信息发展　优化教学环境

——浅谈信息技术使教育教学更为优化

我校坐落在翡翠山城，是省直属一级甲等学校。早在十八年前，学校就要求每位教师要用电脑，懂电脑操作，会五笔打字，会制作简单的PPT课件来辅助和充实教学。从那时开始，计算机就普及进入我校的教育教学领域。工作至今，计算机的更新换代和信息技术发展突飞猛进，教师们都感受到了当下数字化校园和信息时代的影响力。

作为一名教师，在专业成长的岁月里感受和体验了许多信息技术发展给人们带来的益处。信息和资讯传递的快速和沟通的瞬时性，网络学习的丰富和多样性等，给教育教学课程的变革注入许多新能量，给远距离的沟通带来更多的便捷性，教师们的课堂教学和学习提升也因此而获得更加快步稳定的发展。

一、多媒体的使用促进教学方式变革，丰富课堂的知识容量

校园网络全覆盖，家里校内无线局域全连通，办公场所每位教师人人拥有一台电脑来备课学习，教室讲台均为多媒体设备，当下正将黑板教室换上了白板软件电子教室。那种用粉笔上课教学的时代已经慢慢褪去，教师们在备课时要准备的教学资源可以较为便利地通过网络获得，然后可通过课堂多媒体的呈现提供给学生。那种上课需要老师一笔一画地书写在黑板上，然后学生再记录的状态改变了。学生学习要获得有些大容量知识不再需要多节课来完成，通过一次投影就能快速感知并收获到。一些学校的某些学科还实施了翻转课堂，通过多媒体的课前学习，课上互动讨论，课后再复习或重复学习，巩固知识变得更深入和具体，这就是信息时代带给教学的有利变革之益处。

二、多媒体视频等信息资源，为课堂和师生视野提供近距离感知

微课、微视频、微短片的设计和运用，结合教学内容，注重了学生在学习中注意力和记忆力的提升，需要眼耳口手等多感官共同作用的关键。教师在设计课题教学时，结合课的内容，合理地利用多媒体设备播放相关的小视频或图片等，可以声情并茂地让学生通过视觉和听觉感知学习内容的中心要点，然后再通过师生之间、生生之间的互动、分析探讨等方式，通常会让学生较为深刻地记忆事件和知识点。同时，也让教师少了一些课上单纯解说的时间，学生通过观看更明了，再远的事物瞬间都如亲临之境，体会也就会更深切。因此，普及信息技术，校园紧跟时代的发展，用好信息设备和资源，世界近在眼前。

三、多媒体软件技术的运用，弥补了许多工作时间的消损

俗话说：时间就是金钱，就是生命。而网络电子信息技术的发展，给教育教学带来了许多有利的发展空间，教育教学工作中需要的数字统计，只要将原始数据录入，借助软件就可快速完成数据的分析和排列，相关信息也就瞬间获得，大大减少了手工的统计时间。教学中内容的比对也是一样，可以通过网络快捷地获得异同的判断和区分，减少了备课中为了四处奔波寻找资料资源所要花费的大量时间。教学的声影图等知识点，信息时代有了录制和存储，学生学习的时间选择就会较为自主，学生在学习中的反复需求也可以自行进行协调，不再让教师倦怠在疲惫的教学复述中。而作为教师本身，更能通过网络信息平台来帮助自己提升业务技能，把大量重复的劳动时间节约下来更好地开展创新研究和学习。比如，近期刚开学，工作任务繁多，学校要求教师们学习白板教室的使用，就事先将学习视频挂放在校园网络上，让教师们先自行灵活把握时间来观看学习，然后接下来则在合适的时间再组织集中学习，解决难点问题。而学生团队里的电教管理员也组织学习，相信不用太长时间，师生们在原有的多媒体运用的基础上就会快速懂得如何恰当运用这样的设备来实施教学。这样的方式完成了教师们刚开学的工作任务，同时也完成了教师们的学习提升合理安排时间。

不管是在正式学习还是非正式学习的场合中，教育信息化促进了教师和学生的技术、交往、学习能力、个性化快速转型研究。教师网络研修平台的

设计与应用，大大提高了教师间的互动知识的习得与存储，教育信息的发展与创新，促使教育教学环境更加优化。时代在进步，人的思想观念也要与时俱进，当前教师们要更新观念，掌握更多的新技术、新知识和新方法，才能更好地让自己成为信息时代更为优秀的人民教师。

2016年7月

尽心让自己长成一棵树

——谈教师的专业化成长

教师是蜡烛，燃烧自己，照亮别人。这是过往对教师职业精神的评价。教师是水，要给他人一杯水，自己要有一桶水。这是人们对教师技能的要求。教师是人类灵魂的工程师，要在教书育人中塑造学生实现自我，这是社会对教师的希望。

作为一名中学教师，怎样在步入校园走上讲坛开始，就能充分地给自己一个方向，确立一个目标，让自己在前行中体现自我的价值感，感受到自己人生职业的意义。关于教师的个人专业发展，以下几点认识与大家共勉。

一、认真钻研教学，做好自身专业规划

人生有三种境遇：一种是和尚撞钟型；一种是守株待兔型；一种是行行出状元型。我认为三种境遇的人都可称为"专家"，一种是目标不清晰的"专家"，一种是空想的"专家"，一种则是实现人生价值的"专家"。你愿意成为哪一种"专家"呢？做一名兴趣和事业同步的"专家"吧，教师专业发展的有效途径就是要做一个幸福的进取者。

我乐意做一位不断在学习和工作中成长的教师。记得23年前中师刚毕业，本可以马上就进入小学讲坛从事教师职业，但是很庆幸获得保送读大学的机会，能继续学习对我来说是非常荣幸和高兴的一件事，边读书边尝试实践当家教是我读大学的状态。三年学习尽心努力每年均获得奖学金。在系团委协助管理工作，担任文教委员。就读期间还在系里首次主持并开通了校园心灵有约咨询辅导热线，同时还被聘任到院办秘书处，参与管理实践担任助理秘书。在大学校园里学知识学管理，我收获满满。

　　毕业后很荣幸地通过试教审核，被录用到自己曾经就读的母校任教中师教育心理学专业课程，同时还连续五年担任班主任工作。投入工作的同时也知道自己仍然才疏学浅。于是，连续五年时光，边工作边参与自学函考和继续教育研修学习。通过学习提升自己，获得更高层次的学历与证书。提升个人综合素养，让自己在班级管理：教学技能等方面更加完善，我一直在不断地努力。管理的班级多次获得优秀，任职期间也分别获得过优秀班主任，优秀共产党员，优秀园丁奖，省级学科骨干、科研骨干等多项荣誉。

　　教师如何才能幸福生活？教师之专业化标准中给我们指出，首先要培养积极情绪：智商（IQ）、情商（EQ）、逆商（AQ）认识职业的价值，体验工作的乐趣。肯定自己的能力，寻找充实的感觉。其次要善于调控情绪，换位思考，学会站在对方的立场上考虑问题。学会倾听，不要急于采取行动。能否以温和的方式表达思想，培养宽容的品质。做好自我的时间和压力管理，学会妥协和放弃，期望值适度，不苛求。最后就是要学会合理认知，绝对化要求，概括化思维。另外，要智慧的生存，做一个有激情、有思想的人，在不断进取中实现自身价值。

　　社会行业众多，教育工作者肩上担负的是传道、授业、解惑的期待。教师是履行教育教学职责的专业人员。社会对中学教师所持的希望多数是一专多能的人才观。职业要求教师有较高的专业知识、技能和素养，教师专业化将成为一种必然趋势。《教育规划纲要》中就强调"教育大计，教师为本""有好的教师，才有好的教育"。教师专业标准的基本理念就是要求每位教师要师德为先、学生为本、能力为重、终身学习。

　　近二十年教学生涯，我本着要在工作中不断进取，努力实现自身价值，更好提升和发展自我的专业素养而在继续学习着。我建议，每位教师也要从入职开始，先给自己确立好短期、中期、长期（三五年甚至是十年）的专业发展规划，这样才会在教学生涯中不盲目、有目标和方向感。比如，三年实现教学课堂设计良好，表达流畅，与学生沟通到位、管理到位。五年使自己成为教学中的新秀选手，熟识教学方法和技巧。十年以上能努力成为学科能手或专业骨干教师等。白纸黑字给自己的展望写下具体的实施规划并张贴在醒目位置，时常激励自己，明确自己将通过什么方式来加强学习提高业务技能及调节情绪，将自己的专业钻研体现在教学的过程和学习中。

二、深入课堂研究，探索教学中的亮点

教师成长中要使自己成为教育者，而不是教书匠，就要尽心寻找并探索自我教学中的亮点。当今的微学习、微课程、微研究都要根植于学校日常课堂教学实践中。文科教师能否将自我写作和演讲的专业展现在课堂，让学生体会中国语言和文学的博大精深，真正让学生在课堂上掌握听说读写以及用词的准确性和恰当交流的能力是关键。理科教师能否让学生学会细致的思考，主动的动手实践运用和操作是必要因素。艺体类、信息技术类教师通常是最能让多数学生感受到快乐和幸福的学科，如何让学生在动起来的状态下调动大脑潜能，促进习得更多相应的知识，丰富充实人生是值得思考的。课堂教学互动会产生许多生成性的值得反思和感悟的教学小故事，通常在实践教学时如能留心观察，将会有许多值得探讨的内容通过反思来促进教学相长，完善课堂教学和设计。

在教学中，我时常会将课堂生成的有趣信息加以记录，在课后力求写成小案例，会对课中发现的小现象进行分析和研究。在班级管理中，会通过周记和信件的方式与学生沟通心声，辅导帮助学生解除学习和生活中的各类困扰。在参与各项提升的培训学习中，会虚心听取专家的理念，取其精华，融于心中，完善自我。在指导学徒中，会精益求精，力求条理清晰，客观应对。

三、撰写心得体会，凝聚教学机制与智慧

教育是慢的艺术，它能开启智慧、润泽生命。做一个终身学习者，要将读书作为一种生活方式，将写作作为一种反思型实践。对做什么、为什么做和如何进行思考，寻找不同的方式，从不同的视角去看待问题有助于自我业务的提高、思想的净化和素养的培育。因而，尝试把教书育人中的故事和有体会的点滴撰写记录下来，这通常就是凝聚了个人的教学机智和智慧的结晶。实践与理论相结合，走进课堂，走出课堂，源自生活与课堂，真实而有效，往往就能在专业发展中动之以情、晓之以理，使得自我的专业化自己可见、他人可见，成长也就日积月累，最终成就自我人生的意义和价值。

专业教学中多实践、多阅读，撰写心得体会，记录所思、所想，表达自我感悟。课后尝试找到探索点进行思考写成文稿。引导学员倾听心语、相互商议，寻找更合理的解决方案，这是我教育教学中常用的方式。一步一步，

朝着自我专业方向，做好规划，尽心尽力，努力做最好的自己，展现最好的自己，让自我的人生充满愉悦与乐趣。

四、长成一棵枝繁叶茂给予绿意的树

什么是教育？雅斯贝尔斯说：教育意味着一棵树摇动另一棵树，一朵云推动另一朵云，一个灵魂唤醒另一个灵魂。世界如果呈现的是这样一种状态，那么发展就不会是件困难的事情，人们生活的幸福状态也将会越来越好。寻找理论基础和内在原理，识别并采用恰当解决问题的思考方式，不断完善自身的专业领域。将自己比作一棵生长的树，让自己逐渐根深蒂固，枝繁叶茂地成长为一棵能给人带来绿意，给人带来指引和力量的树。

近年来，我逐渐成长为省级学科骨干，科研骨干，省心理教研中心组成员，特级工作室里的指导教师一员。目前在完善提升自我的同时，也在给更多的青年教师带来指引和积极的正能量。

教师不一定能在行业中个个成"状元"，但是应态度端正，努力学习，各有所长，尽力发挥。用进取而平常的心去要求自己，希望自己不逊色，做好规划，在松紧适度的调适中，开心快乐地过好每一天，让自己的教学变成一种成就别人、成长自己的场所，相信这通常会是多数教师认同的专业发展的幸福之路。

2016年8月

信心激励，减压助考

——关于高三心理辅导的有效教学课题设计

一、课题设计的起因

（一）咨询案例

来自高三学生咨询的心声。

（1）老师，我是一名高三的学生，有些问题想请教您。我在最近的几次模拟考试中，成绩时好时坏，真怕上课面对老师。有时会无故感到很烦，怕老师说我问的问题幼稚，请问我应该怎样调节？

（2）老师，我现在高三了，有一件事令我很烦，所以请您帮助我。刚开学时，我学习很认真，进步很快，心情也很好，一下子在年级进步了100多名。但是一次考完试后，我开始对自己放松了，紧接着当我想认真学习的时候，脑子里就想认真学习也没用啊，人早晚都要离开人世间，所以心里就紧张起来。我现在每天都不能投入地学习，下晚修就回宿舍睡觉，现在变得一点自信都没有。随着高考的临近，看着人家在努力学习，我心里很不是滋味，您说我该怎么找回自己呢，谢谢！

（二）分析与调查

学生的这些"烦""怕""没有自信"等的述说，反映了高三阶段的中学生因为考试而在内心产生的困扰和焦虑。焦虑是个体在未能达到目标前或面临自觉难以逾越的障碍时，产生的一种紧张不安、略有恐惧的情绪状态。这种焦虑在一定应试情景下激发，是一种考试焦虑状态的体现。

根据学生的咨询情况，我在高三年级做了一次考试焦虑测试问卷调查，学生自测结果具体统计分值如下表所示。

班级 （12个班）	参测 人数	镇定（心理 素质很好）	轻度焦虑值（调 整情绪有促进）	中度焦虑值 （需关注调适）	重度焦虑值 （需心理关怀）
总人数	717人	268人	410人	38人	1人
百分比	100%	37.38%	57.18%	5.30%	0.14%

二、课题设计的具体实施

（一）设计思路

针对高三学生的考前思想波动及困扰，我思考并设计了一场考前备考心理辅导课题，旨在达到给多数学生进行信心增强、减压助考的目标。相信重视心态调整，考试就成功了一半。

（二）课堂教学实施

课堂导入三步骤。

1. 心情导入

教师用"今天你好吗？"的问句来了解学生当时的心情指数，希望每位学生知道保持最佳心情指数的重要性。

2. 行动导入

面对礼物的主动获取活动设计，在于让学生明确面对竞争时，需要快速行动和勇气。

3. 状态导入

齐诵《相信自己》《我真的很不错》的歌词，学生通过其中的语言暗示可获得对当前要做的"挑战高考"的勇气，鼓舞士气。

此辅导课题主要从教学程序的六个方面来达到"信心激励，减压助考"的课程目标。

（三）教学程序

1. 赢在高考起跑线上的活动感悟

（1）珍惜时间：希望学生学会珍惜时间，充分利用一点一滴的时间。

（2）举手仪式：让学生在肢体上现场体会短时间的坚持，希望学生懂得持久意志力对应考的重要性，不可轻易放弃。

（3）支配自己：让学生对比并体会在通过依赖别人牵引盲行与自己清楚方向前进的两种方式的感受，期盼学生当前要能自觉学习，主动寻找解决问题方案。

（4）时间管理：合理安排好每一天的24小时，分清轻重缓急，学习休闲等时间分配要恰当。

2. 赢在高考起跑线上的四方面

赢在高考起跑线上的四方面包括：高考目标（自我期望）、信念态度（心态情绪）、方法策略（思维模式）、行为习惯（行动计划）。

让每位学生充分认识到树立清晰的目标才能使自己的行动不盲目，了解当前的高考形势，掌握自身情况，因人而异定好核心目标，不要过高，也不要低估。同时还要明确一个人的成功与否，有95%的人和良好的习惯关系紧密相连。

3. 决胜考场三要素

决胜考场三要素包括：积极心态、有效策略、良好习惯。每位高三考生定好起跑点后，在冲刺阶段相对个体而言要能成功的前提有以下三方面。

第一，拥有积极的心态。学会认清消极言语和非理性思维方式的影响力，学会调适转换，比如，把日常出现的"不可能，做不到，我完了"这些消极语句转换成"我能行，行动起来，我最棒"，这是树立信心，调节情绪非常重要的一个有效环节。要打破自我设限的思维方式，要用带着问题活着的理性思维方式去面对和战胜挫折。同时，通过认知练习，写出困扰，如用"目前我无法完成、实现、做到……"转换为"虽然我目前无法完成、做到、实现……但是我……"的造句方式进行信心训练，让学生自我寻找调适的恰当点，体会从困扰的低落状态快速调整到平衡的希望状态。通过语言转换来消除一定的焦虑情绪，充分理解积极的备考心态就是：相信自己，努力寻找解决问题的方案。

第二，注重有效的应试复习策略。学生对考试的担忧要清楚分析，建立等级，主动解决，不积压问题。在课堂上教师告诉学生各学科一些答题小细节，培养学生重视模考后认真在试卷上改错题的意识，尽力做到"考后满分"的复习方式。临近高考，每一位同学都要明确自己当前无须再和别人比，只和自己比，进步就好。

第三，让学生要有行动的好习惯。想到就行动起来，不以静态的方式浪费复习的时光，要有胆量和勇气多渠道去解决困扰自己进步的事件。

4. 考前持久心理挑战

让学生懂得语言转换的良好心理暗示和对自己每日的具体目标实施有个正确的判断，做到每天都能心中有底，按部就班。在明确自身的核心目标后持久进行训练，以清晨五问和静夜五答的方式（五问五答），持续训练至少一个月。

清晨五问如下。

（1）我今天的目标是什么？

（2）我今天准备学哪些东西？

（3）我今天最重要的三件事是什么？

（4）我今天准备在哪些方面进步一点？

（5）我今天如何能平静快乐？

静夜五答如下。

（1）今天是否完成了目标？

（2）我今天又学到了什么？

（3）我今天在哪些方面进步一点点？

（4）我明天的目标是什么？

（5）我明天要保持怎样的好心情？

5. 考前、考中及考后的情绪调节

前四个方面重在激励学生、树立信心，第五方面侧重于让学生通过夹气球活动来感受压力，让学生知道适度的压力有利于学习，要学会做一个自信而奋进的气球。懂得判断自我在考试前后的压力与面对焦虑时的有效调适做法，在课堂上训练学生掌握学习调适放松的小方法。

考试前：要做到静心、客观、调适。稳定自己的情绪，正确自评长短处，避免因成绩好坏而造成情绪波动太大。

做好临考前身心调适三步骤。

（1）科学用脑和保证睡眠（调整相应的作息及兴奋点，保持和高考节奏的一致，多喝水防病，力求保证7~8小时的有效睡眠；注意科学用脑，不疲劳作业，注意饮食，劳逸结合）。

（2）保持积极心态（语言转换，想法积极，心态平和）。

（3）调整焦虑抑郁情绪（积极暗示，合理宣泄，认知矫正，放松训练）。

焦虑调适放松小技巧如下。

（1）平静心绪——深呼吸（每分钟3次）

（2）清醒头脑——鸣天鼓。

（3）改善记忆——耳部按摩。

（4）身心放松——想象训练（冥想放松训练、阳光穿越云雾想象法、芳香疗法等）。

焦虑来了就分层应对，悦纳之，忽略之，调节之。另外，握拳、擦脸、鼓掌、听轻音乐、微笑、赞美、倾诉、运动、喝水、语言暗示等都能缓解焦虑。

考试中，需做好以下几点：①稳定情绪；②审清题意；③字体清晰；④先易后难；⑤巧做难题；⑥巧用推理。

考试后，需做好以下几点：①每一场考试结束后，不与别人对答案，对答案很多同学总认为自己的是错的，结果影响心情；②要学会放下，关注下一场考试，不让情绪影响下一科的考试。

6. 高考前的情感应对

让学生判断自我处理情感的类型，力求做主动型考生，学会理智应对情感问题，建议学生一有困扰就一定要及时找信任的长辈疏导，度过这个时期，铭记高考最重要。

7. 齐读激励词结束课堂

整个课堂的设计主线在于把握主题"信心激励，减压助考"，从起跑开始进入冲刺，发现困扰再进行认知训练找到平衡切入点后做及时调适。

三、课后点评与思考

海南省心理健康教研中心组专家听课后肯定了这是专业指导性较强的辅导课题，我富有激情的语言风格更具激励效果，借助了活动游戏的宣泄方式，借助了语词、自信训练的给力"进补"。整堂课下来如行云流水、一气呵成。注重了动静结合，认知训练的调整环节是心理味最浓的亮点。其中关于焦虑的调适做法较为具体实用，能较好地帮助学生缓解考试的情绪状态。课堂得到听课老师的一致好评，从设计的理念、歌词、礼物等多种心理学的手段给老师和学生们展现出了心理课和心理学的力量，它能改变一个人的思想，一个人的行为，最后拯救一颗迷茫、焦虑、担心甚至恐惧的心，拯救一个纪律散漫、目标不明确的班集体！

因此，从这些课后的评价中，我认为，之前学生咨询心声中传递的"烦""怕""不自信"的心境将能从这样的课堂中得到较为具体而有效的引导。高考生通过这样的课堂后能较好认清自我前进的方向，坚信自己的实力，找出潜在问题后"对症下药"。在班主任及老师、同学帮助下查漏补缺，主动寻求解决问题的方案，改进学习方法，安排好重点复习计划并有条不紊地坚持执行，这将是一次非常有益和有效的辅导课。

面对那位想放弃的咨询考生，我会提醒其振作起来，做自己现在要做的每一件事，别人能行，你也一定能行！自信是自己给的，人从出生那一时分开始就是为了感受生命。每一个阶段的喜怒哀乐，短短几十年的生涯，有的人走得很稳步、精彩，每一个阶段都会做无愧于自己的事情，到生命尽头的那时会感受到许许多多的滋味，希望能懂得珍惜属于自己的生命时光，因为人生对任何人来说都不会重演，要善待。找回自己很简单，不要放弃自己的梦想和希望。把自己的时间和空间安排充实起来，珍惜把握时间，做对得起自己青春的每一件事情。

2017年8月

如何设计一堂生涯教育课

立德树人是教育的根本任务，以国家新高考和高中课程改革精神为指导，以生为本坚持立德树人，努力提升中学生"核心素养"，积极稳妥有序地推进生涯规划教育工作的整体发展，引导学生全面认识自我，明确学习目标，了解专业和职业，有效进行学业规划。这是2017年秋季海南新高考改革以来，特别强调要面向高中学生落实进行的一项研究。

高中阶段就像一个巨大的宝藏，里面蕴藏着无限的资源和能量。新高考改革，考生要面对着选学选考的科目，要探索自我成长和发展的可能。这个时期非常需要教师的助力。而开设生涯教育课程恰好是学生获取这方面知识不可或缺的渠道之一。然而，教师如何设计好一堂生涯教育课，让学生在教与学中能更好地探索自我学业和职业的生涯路径，认识自我，认识环境，恰当把握方向，我有以下几点认识。

一、生涯教学设计主题明确，目标主线清晰，导入自然是关键

生是生命的存在，涯是生命的边界，生涯教育从广义上说是指学校所进行的以学生终生发展为目的的一切课程和教育活动。在班主任和学科教师队伍里实施生涯教育课，不同角色角度设计的生涯教育课，落点和切入口的要求会有所侧重和区别，主题明确，中心主线清晰是最基本的备课设计要求。

比如，在实施生涯教育班会课《用行动成就梦想》这个主题，其中"梦想"和"行动"两个关键词就是这节课要探索的中心词。整堂课的教学设计中，备课教师借助一段小视频，其中对两位学生对待学习的不同表现来进行分析，让学生明确成为学习能手取得进步，需要时间管理及有效行动，然后通过对当前想学好的选科科目提出具体目标，思考列出计划和行动步

骤，力求通过跨越障碍来最终实现梦想。备课教师能层层递进地进行教学预设准备，呈现清晰的教学条理，组织及讨论到位，课堂氛围良好，这样备课就是有效的。

再如，语文与生涯教育主题课《得体的语言表达对生涯的影响》，教师从语文学科要探索"说"这个环节对学生生涯的影响进行备课，切入口小，得体的口语表达就是此课堂研究的中心关键点。教师导入环节设计了两个由学生亲自扮演，关于医院和商店的情景剧表演，使课堂以学生为主体，既贴近主题又生动自然地导入教学。备课教师较好地把握主题中的中心关键点，设计中围绕主题来落实教学，环环相扣，有效呈现师生互动交流。这样一来，既锻炼了学生的语言表达能力，又让学生感知并联系社会与生活，在不知不觉的语文教学中就渗透生涯教育。由此可见，教学设计准备中，教师注重把握主题主线及关键词，再借助相关联的热身活动或者以视频、故事、情景剧等方式导入课堂是上好生涯教育课的前提和基础。

二、生涯教学衔接紧凑，时间安排恰当，互动回应到位显技巧

一堂40分钟的生涯教育课的组织完善与否要考虑多种因素。导入语和结束语恰当紧扣主题，教学互动环节紧凑有升华，教师回应具体到位，时间安排恰到好处，这些方面往往体现一位教师在教学设计中能否巧妙地处理，同时也体现教师本身的综合素养。首先，教师语言表达的语速语调通常会影响一堂课的质量，太快或太慢的语速所带来的课堂效果通常不够理想。抑扬顿挫、快慢适度、轻重到位的语言表达通常能给课堂增添不少的舒适感。其次，教学互动中的时间掌控通常是上好一堂课的关键技巧之一。教学设计前可对学生可能回答的情况有预设思考，恰当地考虑多种可能性，在落实每一教学环节的时间分配上都有所准备，游刃有余显得极其重要。再者，每位学生回答之后，教师给予的回应语句通常能具有较好的导向和升华作用。回应中能强调要点，给予学生鼓励和肯定，给予学生积极赋义和正向的引导是关键。课堂教学是一门艺术，课前教学设计要能做到万事俱备的状态，才能最终为更好地实施一堂好课打下基石。

三、生涯教学课件制作简洁美观，中心要点突出增色彩

信息时代，教学中借助多媒体通常可以快速让学生领悟更多的信息。

备课中教师将教学设计过程呈现于课件上，若能做到简洁美观，内容中心突出，要点提示到位，通常能给课堂增添许多色彩。课件上不易罗列过多文字，也无须拼凑呈现太多图片。最佳设计应当是语句精练，图片搭配恰当，各教学环节清晰，条理分明，恰如其分地辅助教师讲解与师生互动后的归纳。比如，一堂生涯教育班会课《条条大路通罗马》旨在让学生了解人生选择有多种，实现目标的方式很多元。如果将所有的知识点或问句思考都罗列在课件上，将会需要许多张幻灯片来呈现，显得繁多。而教师如果巧妙地将目标明确，然后借助一张多箭头集中向前的图片，再配上相应的文字，有所提示地让学生从多角度去发散又聚集地进行思考，通常就能较精巧地把问题点明，课件设计也就显得美观不繁杂。一份目标明确、核心内容呈现、教学环节细致又美观简洁的PPT，就像一张思维导图，通常可以引领学生理解并收获许多知识，从而促进自我的成长。

四、生涯教学注重互动探讨，归纳总结有升华现功底

面对新高考课程改革下的生涯教育课堂设计，要打破传统讲授式教学模式，注重生生和师生互动探索，充分体现以学生为主体的教学过程才能更好地调动学生的思维，培养学生的多方面素养。比如，语文学科生涯探索的课堂设计上，借助情景剧的表演和分小组探讨，在数学学科生涯课的设计上加入辩论这些环节都能较好地借助问题的提出来激发学生内在的探索精神，在集思广益中呈现学生之间的集体智慧，培养学生的合作探究及语言表达能力。同时也使课堂变得更有活力。生生互动、师生互动使课堂融合成一个整体，教师的回应又充满鼓励和正能量，学生分享，教师进行辅助的归纳和升华，课堂呈现的氛围和效果也将会更加出彩。

实施生涯教育课堂，探索教书育人的有效途径和方法，让处于青春期的学生在思考历史使命和人生发展方向的过程中，树立正确的世界观、人生观和价值观，胸怀远大抱负，勇于承担责任，做到自主发展。生涯教育是一种研究，更是一种创新，教师要读懂每一位学生，通过课堂来引导学生从如何认识自己入手，进而明确发展方向，找准发展路径，实现自我选择、自我调整、自我教育，遵循高中学生认知和发育规律，有效实施励志教育，促进每一位学生朝着良好发展的目标努力，为将来成为国家的建设者和接班人奠定坚实基础。每位教师在生涯教学设计中都要注重因材施教、团势施教，教

书育人，教学相长。世界变化是无常的，很多知识性的东西迭代很快，做生涯指导教师要持续学习，在生涯教育中传递给学生面对生活和社会的应变之道，最终才能达到提升学生的生涯信念和生涯适应力，培养出更多社会主义事业的接班人和有用人才。

2018年4月13日

成就美丽人生需规划

——浅谈我校中学生涯规划教育之核心素养培养

生是生命的存在，涯是生命的边界。生命之花，生涯规划，认识自己，你会比想象得还要美丽。人的一生，要成长要发展需要生涯规划，作为一名中学生，要知道学业规划和职业规划是必要而重要的。新高考改革进程中，提倡教育要培养全面发展的人，要让学生能在文化基础、自主发展、社会参与三方面的六项核心素养呈现良好发展态势，为将来更好适应和奉献社会而努力。因此，面对学生的生涯规划教育，不仅要让学生找到自我兴趣爱好能力的方向，确立自己的奋斗目标，还要在不同的学习环境和生活中给予核心素养的渗透和培养。

学生在求学的生涯中，知识和成绩获得的同时非常需要尽早思考自己未来的发展方向，相信有目标的人生是不盲行的人生，有选择的生活也会是有责任和担当的一种生活。在学业规划的同时奠定个体核心素养的培养，在素养形成的同时成就自己的美丽人生，这是一种相辅相成的教育。所谓核心素养是指学生能够形成适应个人终身发展和社会发展需要的必备品格和关键能力。

一、在学业规划中注重人文底蕴与科学精神的培养

通过生涯规划教育让学生更好地发现自我、确定好目标、注重人文底蕴和科学精神的培养极其重要。学生在获得知识、技能、情感、态度、价值观等多方面的综合表现上都会呈现出不同的核心素养，教育工作者要改变当前存在的唯分数论，以及"学科本位"和"知识本位"现象，建立基于核心素养发展的评价标准，帮助学生明确未来的发展方向，激励学生朝目标不断努力，把

学习的内容要求和质量要求结合起来，以推动学生核心素养的发展和落实。

我校虽然地处山区，但常年坚持养成教育，举办各种主题鲜明、寓教于乐、丰富多彩的文化活动，以此来促进学生个性和特长的发展，营造健康向上的校园育人氛围。注重多方位育人，力求将学生培养成有理想、有道德、有文化、有目标的四有新人。通过每年的读书节、艺体表演、棋艺比赛、演讲与口才、书画研习、文学社记者站以及构建校园优美的文化环境等多种活动，让学生能感知更多书本知识外的人文素养。学生会在自己的学业生涯中，针对自己的不同喜好和能力有所选择和规划，以便增强自己的人文底蕴，给自己打好文化基础。

为了提升学生的科学探索精神，运用科学的思维方式去认识事物、解决问题、规范行为。近年来，在校内开设有"激光雕刻机教学""无人机飞行与操控"等校本课程，多名学生获评省级科普小能手。学校还被确定为"空军招飞优质生源中学"。动手实践，崇尚真知，学习科学技术，掌握基本的科学方法，用百折不挠的探索精神去面对知识和社会。因此，培养学子追求科学的精神是一种生涯教育也是一种核心素养提升的有效举措。

二、在价值观探索中增强责任担当和实践创新意识

我要成为一个什么样的人？这是每个人都应深思的问题，其也呈现了一个人的价值追求和自我认识。当今提出的核心素质培养的根本出发点就是要践行社会主义核心价值观，落实立德树人根本任务，强调社会责任感、创新精神和实践能力，促进人的全面发展，成为合格的建设者和可靠的接班人。作为一名中学生，学会处理与他人（家庭）、集体、社会、自然的关系，增强社会责任感，做到自尊自律、诚实守信、文明礼貌、宽容待人、孝亲敬长，有感恩之心，热心公益和志愿服务，表现良好的诚信友善行为和态度很必要。

在新生入学时，就由校长亲自为学生进行《为幸福人生奠基的生涯规划》讲座，心理教师为提高学生的团队合作意识也开展了《校园人际交往适应》讲座。各部门配合组织学生进行爱国主义教育和消防安全讲座及演练、集体生活习惯养成、劳动卫生教育等，还有每周各班通过举行不同主题的"在国旗下的讲话"，团委组织的各类社团和青年志愿者爱心服务队到敬老院等地的帮扶，以及每到节假日开展的纪念和庆祝活动等。班主任细致到位

的班级管理和要求，都能让学生直接或间接地参与其中，为培养和增强学生的责任感和实践创新能力奠定基础，为学生在成长中形成良好价值观和世界观而尽心尽力。

另外，核心素养的培养包含学生要能尊崇法治、敬畏法律、明辨是非，具有规则与法治意识，依法律己，依法行事，依法维权，崇尚自由平等，坚持公平正义等。学生在政治课上的社会主义核心价值观及法律法规和道德情操等内容的学习，平时生活中表现的行为举止落实都会呈现习得与否。学校领导在开学前校本培训课中就及时给全体教师讲述相关的教育法律法规，要求每位教师要明确自己的教师职责、权利和义务，希望每位教师都能以身作则、懂法守法地去传递和培养出真正有社会责任感和品行端正的优秀青少年。

三、在科学的时间管理中学会学习和健康生活的恰当分配

当前，在面对新高考改革的新形势下进行教育教学工作，如何让学生懂得生涯规划的教育势在必行。每人每天只有二十四小时，如何让学生拥有自主权，合理规划和安排好自己的时间。培养出一个幸福的学生，让学生在快乐中学习和成长，这应当是学校教育的最终目标和宗旨。因此，教会学生劳逸结合、学会学习、健康生活，做一名身心健康的优秀学生，其中时间管理和恰当分配就显得尤为重要。近年来，为了应试考取高分，不少学生都在说每天完成作业作考题的时间都不够用，没有时间去运动或者参与其他户外或实践活动。分数与各科知识习得，与个人素养习得应当是有实质性的联系才是有效的学习。不能让学生成为纯粹的考试机器，变成只会面对书本的状态。考前疲劳、记忆消退、心情紧张等情况伴随着部分学生。而教师群体也类同，为了不辜负学生，争分夺秒地陪伴学子们，出题讲题，导致教师过度劳累。人生要开出一朵健康美丽的生命之花，应当如何恰当规划和准备，这是需要深入思考的话题。

人一生可分为许多阶段，而中学时光是学生青春年华最美好的成长岁月。在这段时间里，掌握适合自身的运动方法和技能，养成健康的行为习惯和生活方式，调节和管理自己的情绪，自信、自爱，坚韧乐观，积极交往，有效互动，维持良好的人际关系，珍爱生命，理解生命意义和人生价值，正确判断与评估自我，依据自身个性和潜质选择适合的发展方向，有计划又高

效地分配和使用时间与精力，形成具有达成目标的持续行动力等都是非常关键的素养。我校各年级根据学生的年龄特点，认真落实并开展第二课堂，学校设有钢琴、吉他协会，街舞协会，摄影协会，阳光心语社，田径队等，举办"追日杯"篮球赛，"共青杯"足球赛，"朝阳杯"羽毛球、乒乓球赛等多项活动。给学生提供选择和参与户外活动的时间和空间，鼓励学生参与并学会在活动中调节身心。通过测评或活动让学生发现自己的多元智能，发挥自己的特长，激发潜能，为自己的考学选课、未来的职业选择打下相应的素质基础。

成就一名优秀的学生，需要学生自身的努力、家庭的配合和一个教师团队的力量。学校要有效引导学生健康成长，为学生终身学习与发展奠基，真正成为学生成长道路上的引路人。作为教育工作者，切实落实新课程改革理念，摆正学校教育的价值和功能，不仅教书，更要育人。古人说"志不立，天下无可成之事。"成功的人生离不开成功的规划，以及在正确规划指导下持续奋斗。作为一名学生，要成为怎样的一个人，了解自己的核心素养优势在哪里，知道校园里哪些学科学习和学校活动能够体现这一素养。认真的规划和提升缺乏的素养，做出计划完善自我，为成就一个美好的人生迈出稳健的步伐是非常重要而必要的事情。

社会职业种类繁多，分工日益细化，职业市场和经济形势时常发生变化。对于大多数人而言，今后都会有数种职业适合。而每位学生在求学的生涯中，找到自我的兴趣爱好和能力倾向，围绕核心素养，乐学善学，勤于反思，调动潜能，发挥优势，给自己的人生旅途增添一份动力和自信。为成就美丽的人生，尽早有所设想和规划，促使自己成长为一个社会需要、国家认同又全面发展的可用之才非常关键。

2019年11月

"护蛋行动"引发的生命探索

——关于珍爱生命教学实践中的思考

近几年，我校在高二年级心理健康教育课堂教学中，设计关于珍爱生命的心育主题课，采用团体辅导的教学模式授课。课堂中，除了与学生探讨生命的意义和面对挫折的应对调节方法外，其中课前设计"护蛋行动"的热身活动环节值得我们思考。

一、活动描述

首先要求各班同学根据人数排成四五列纵队前后坐下，由各小组第一位同学双手接住老师递交的一枚生鸡蛋，然后在统一开始的口令下达后，各小组同学依次往后传递鸡蛋，最后一位同学接到后再返回传递，直到传回第一位同学手中。在这项互动热身的活动中，各组要比速度，还要看护蛋的最终状态。学生在参与中互相观察，看哪一组能又快又好地将鸡蛋完璧归赵。每次上课，各班传递表现的状况有所不同，共性之处就是课堂现场通常是活泼又紧张的氛围，许多学生在准备的时候，会很自觉地一排排侧身坐或交替坐，然后伸出双手呈握捧状。在一次课堂上，某小组传递过程中突然啪的一声，鸡蛋落地碎了，只见一位男同学闪了一下身子，然后在那开怀大笑起来，全班不少同学望向他，有些同学也随之跟着起哄般笑了起来。在那个时分，估计学生都觉得这仅是一场课堂游戏，没传递好鸡蛋，碎也就碎了。当我邀请这位男生站起来分享心情时，他面带笑容地说："我当时手没接住就掉了，看到碎在地上的鸡蛋，心理有点紧张……"我问他，那现在应当怎么办？他说："打扫一下吧！"随之拿了纸巾把地上的破碎鸡蛋清理干净……活动后，现场采访每组第一位拿到鸡蛋的同学，问他们当时内心有什么感觉，有同学说："接到手上时有点紧张，就想尽快传下去，很担心鸡蛋在自己手里碎了。"有一组同学在还没开始传递时，第一位同学把鸡蛋放在地上滚动着，我问："你不担心它碎吗？"她说："放在地上，是它自己滚动的。"我再问："如果不小心碎了，你会有什么感受？"这位同学回应我的话是："要碎是它碎，又不是我。"然后自己笑了起来……有的同学手捧着鸡蛋回答我说："没什么感觉，鸡蛋而已。"同学们面对这枚生鸡蛋，理解态度不同，言语表现也有所不同，有的学生紧张有压力感，有的感到轻松无所谓。

活动结束，我问学生是否知道在课上组织大家玩这个互动游戏的意义，有同学回应说跟食物和生命有关，生鸡蛋打碎了就不能煮来吃，也不能孵化成小鸡。我再问"护蛋行动"是一种什么样的行为时，不少同学在思考后也都能回答说这事实上是要呈现一种守护生命的行为。

二、教学分析

这节课的设计主旨在于引导学生探讨生命存在的状态，回顾生命的过去，展望生命的将来。课上要求学生在生命曲线上填写感受过的快乐与挫折事件，最后表达分享一下曾经是如何面对和解决所遇见的挫折事件。整节课的设计和教学，思路完整而清晰，学生的体会感悟具体而深刻。这个开场的"护蛋"热身互动活动，虽然仅是课前的一个游戏环节，但设计跟教学内容是紧密关联的，教师要关注学生游戏的整个过程，随后的问话和引导语言要恰当到位。比如，学生是怎么做到完璧归赵地将鸡蛋传递结束的？而发生鸡蛋落地碎又是什么原因造成的？传递的操作过程如有失误出现，下次再传递需要注意些什么才能更好守护成功？布置任务和实施任务前的起始要有何提醒言语等，这些都是需要教师引起重视的环节。

同样是传递鸡蛋，在一些班级里，课前要求得当，告知要尽可能保质保量传递到位，争取完璧归赵。注意细节的提醒，学生传递的结果都非常棒，虽然有些组慢一些，但是没有发生鸡蛋落地碎的情况。人生在世，珍爱生命，守护生命，这是我们要高度重视的事情。"人生如鸡蛋，从外打破是食物，从内打破是生命"，这是非常有哲理的句子。教会学生学会共情，教会学生感受到生命的珍贵，这是我们此课教学的意义所在。

三、教学反思

关于守护生命的问题，学生在参与这项互动活动中，首先要体会当遇到鸡蛋落地碎了时，一个可能成为生命的鸡蛋就这样脆弱地变成不可能的时候，内心是否有触动？如何从这样的现象中去理解生命存在的不易。鸡蛋落地碎了，事实已经发生，我们又要如何恰当面对？如何接受现实，妥善处理并调节好心境？由此举一反三地让学生去感知自己在学习和生活中遇到的一些挫折事件，哪些挫折是可以事先通过预防尽量避免的，哪些是需要恰当面对获得升华的？对这些问题的深入探索，引导学生思考表达，会让课堂显得真实有效，对生命的体验和感悟也会更加深刻，从而也能间接地提升学生的自我承挫能力。

借助鸡蛋来组织开场的这堂心育课堂，可以拓展关联许多生活场景来让学生展开思索，教会学生在学习生活中，要有事先计划和准备，态度端正，遇事学会沉着冷静，三思而行，避免不利事件的发生。如果遇到挫折和失败时，也要学会积极应对，利用挫折发生的时机学会思考，经一事，长一智。加强行为的训练，帮助学生建立稳定的生活节奏，增加应对挫折的定力。相信一位能保持规律有序生活节奏的人，内心秩序也会是稳定有序的，从而能在挫折面前恢复自己对生活的掌控感。守护生命，不惧挫折。教学中，教师们多一分思考，多一分探索精神，将理论联系实践，把教学与生活体验多结合，学生也就能更好地体验到生命的珍贵，珍爱自己与他人生命存在的意义，提升自我的承挫力，更好地在社会中贡献自己的力量，实现自我的价值。

2020年11月

用理解心灵的语言促进学生成长

——渗透心育理念的师生沟通方式之我见

一、学生心语

老师，我心情非常不好，班主任说话太伤人，就因为玩了一下手机，她就说那样的话，现在的我不想见人，也不想学习，想放弃生命的心思都有……

事例呈现：这是一位来自高三年级学生的话语，由德育领导带到辅导室的一名学生，原因是一周前在宿舍晚睡时使用手机，被宿舍管理员发现后，告诉班主任，班主任对他说了一番话，其中有些词汇让他接受不了。随后，他写封信给班主任沟通说自己的心情，班主任有担忧，直接把信递交给德育管理者，德育管理者觉得事情有些严重，随后又把信递交给校领导，孩子问题在没有获得调解的情况下，德育管理部门通知家长把孩子领回家去反省。据了解，家长带孩子回去的一路上也是骂声不断，孩子根本无法听得进去。在家里与家长沟通不顺畅，沉默寡言。接近高考的日子，他一周后返校想继续参加模拟考，然而，到了学校，呈现状态是害怕，不想见人，不想吃饭，不想到班级去，想找个小黑屋躲起来……

二、案例分析

这个例子呈现的学生状态，起源于刚开始班主任的批评用语，教育用词严厉，造成学生难以忍受。从而也就提醒着我们教师，在批评教育学生时，能否从理解心灵的角度去思考一下再表达，能否先了解原因，换位思考，从理解学生内心需求的角度去三思一下教育用词。也许现在的一些学生心灵过于脆弱，也许现在的一些学生太过于受保护，不懂得理解老师和家长的良苦用心。但无论如何，走入学生的心灵，理解学生的行为，了解事情发生的缘由，在恰当的场合，用恰当而委婉的言语去教育并帮扶学生，这是我们作为教师应当采用的教育态度和行为。

心理辅导教师在见到这名学生，聆听这位学生的心声后，客观地给学生做了分析疏导，引导他先理解师长们对他所表现出的关注和恨铁不成钢的心情，告知他长辈们的表达方式不够得当的地方，答应他接下来会与班主任和家长恰当沟通，帮助他解决这样的问题。这名学生听了这样的分析疏导后，心情好了很多。"解铃还需系铃人"，结束咨询辅导后，心理辅导教师立刻与班主任进行了电话沟通，委婉地让班主任认识到自己言辞上不妥当造成学生感受到的内心伤害，希望班主任为了孩子的成长，放下权威，和学生道歉并安抚学生的不良情绪。其次，让班主任与家长恰当沟通，让家长懂得理解孩子在青春成长中内心会产生的一些需求，会出现的一些不符合规范的行为，通过责骂的方式是解决不了已经发生并存在的问题，要学会采用平和的言语，了解原因，尝试走入孩子的内心世界，用关怀和爱来安抚并共同商议解决问题的恰当做法。值得庆幸的是，经过多方沟通和辅导，班主任和家长都采纳了这些建议和做法，而这名学生最终也坦诚地面对了自己的不妥行为，转而调节平衡了情绪态度和学习心境，努力完成学业，顺利参加高考并考取了一所心仪的大学。

三、案例反思

近些年，来寻求咨询辅导的学生，有些是因为违反一些班级纪律管理上的规定，不听从教师的劝说或者无法接受管理者的批评而造成矛盾冲突，情绪不稳定，心情郁结。有的学生因为不恰当使用手机，过早恋爱，完不成作业而受到老师批评，成绩下降，身体不适，同学关系相处不融洽或者是在网络上同学间的互相讽刺、谩骂等品行障碍造成心理困扰。

学生考试成绩和名次是许多教师眼中的标杆，许多孩子内心感受到的就是没有高分就得不到老师的好评，许多老师眼中认同分数高的孩子就是好学生。学生违反规定时，老师在一气之下批评学生，通常什么词语都能脱口而出。有些心理脆弱的孩子不和老师分辩，只剩委屈但深思一下，如果学生真的因为老师的不恰当批评而选择退学，那教师这样的批评算不算是造成一次师源性的教育事故呢?

教书育人的行业需要工作者为人师表,学会好好说话,遇到任何事情,都要细致地先了解学生最近的心情状态,多一分关怀理解才是解决问题的良策。面对中学生,在发现和处理问题时,如果完全放手让班干部去做,或者听信班干部的片面言辞,所谓的培养学生自主管理能力,任何任务都直接交给班团委来实施,班主任和教师的引导作用通常会呈现不够到位。正处于中学青春发展时期的学生,每位学生的身心都不够成熟,需要学习提升完善和成长,朋辈辅导和关怀固然重要,但是,如果长辈和教师方向引导不及时,那将如何体现真实有效的班级管理? 管理者要以身作则,正人先正己,才能更好地让学生信服和尊重。当今时代,多媒体信息传播速度太多太快,学生们受到的影响源也非常多。当他们发觉身边看到的人和事,都是言行不够统一,说一套做一套,教育管理也就缺乏一定的说服力。学生又如何能做好自我管理,获得榜样引领,做到自控呢?

一个孩子的健康成长通常需要一个社区的共同努力。家校联动,作为家长,言传身教,用恰当的教育观念来引导孩子是关键。除了内部环境中家长的教育引导能到位,外部环境的影响也会时刻左右学生的思想和认识,特别是当孩子正处于形成恰当判断和价值观的时期,朋辈相处,教师引导,在师生友善的沟通中树立学生正确的三观,懂得凡事三思而后行,客观理智分析和认识则显得非常关键。如何把握好青春期中学生的年龄特征,充分发挥好教师的榜样作用来引领学生,这是一件值得深思和刻不容缓的事情。

德育教育要融合渗透心育理念,德育管理者在处理各类问题时,要先注重了解并关注孩子的年龄阶段和内心需求,客观分析原因,换位思考,建立良好关系,恰当引导是关键。学校心理健康教育与德育管理工作如果能双向沟通,用理解学生心灵的语言去促进学生的成长,相信学校的教书育人工作也将会发展得更加完善和美好。

2021年3月